U0143008

十二年國民基本教育教材教法
108課綱素養教導

陳麗如　著

五南圖書出版公司 印行

拾本書，思考國教課綱

　　為什麼要寫本書？《十二年國民基本教育課程綱要》（簡稱國教課綱，在 2019 年執行又簡稱為 108 課綱）強調以學生為教學場域中的主角，期待具有教學武藝的教師能在其中成為適任的「導師」。然而，目前的教師多在填鴨學習的環境成長，也多習慣「以教師為主體講授知識」的教學模式，如此巨大的轉變帶給教師相當的挑戰，以至於推行至今已近 2 年，教育界怨聲載道，許多模式仍在適應。現實條件確實存在許多限制，但在教師端還有空間盡可能地去協助這個時代的使命得以實踐。

　　國教課綱指出：教師不可能把所有知識傳遞予學生，但必須引導學生在其中習得生活運用的知識能力，是為「素養」。回顧教育發展與課程實施的改革，都圍繞在歷久不衰的教育理論宗旨，當今國教課綱的教育主軸也不例外，只是我們習慣一件事、一件事切開來思考，一個理論、一個理論分別運用，以至於當面對多元條件的教導而無法在其中游刃有餘時，其實師長們也落入知識與素養銜接上的難題。目前談教育理論、教學評量、教材教法的書籍相當多，但是當它們與國教課綱分開思考時，教師將難以具有「教師素養」來教育新世代。教育相關理論成百上千，不可能為一本教材教法書籍道盡。在面對國教課綱推行的高素養工作時，我想應該要有一個引導來把一些教育論述的元素與國教課綱的軌道連結。於是，我寫了這一本書。

　　我是一位研究特殊教育多年的教授，很慶幸特殊教育一直都是在談「個別化評量與教學」，在談如何靈活運用各種教學或輔導技巧來教導多元特質的每一位學生，強調實用性的「功能性課程」等，並以「生活核心課程」的跨領域設計來進行教學，這些都是當前國教課綱改革的主軸。當我初接觸國教課綱的架構時，異常興奮，原來我們特殊教育的

理想境界 ——「每一位學生都是特教學生，每一位學生也都不是特教學生」，在今日國教課綱已然實踐。本書描述國教課綱的重要任務，思考幾個熟稔的教育理論後，探討課綱中的教學方法、評量、教材及資源等，引導教師及師資生們駕馭國教課綱的精神與技巧，以具備教師素養來帶領每一位學生，承接他們在國教課綱中的重要任務 —— 學習歷程檔案建制、核心素養導向學習、自主學習力培育等，為新世代的教育模式前進（見頁 vii 本書架構圖）。

　　在國教課綱的多元學習任務中，期待教師培育學生自發、互動、共好（自動好）的學習技能與態度。掌握其中政策的精神後，教師方能運用已擁有的教育理論知能，帶領每一位學生在現實條件中發揮最大的學習力。過去升學考試時代，校園是會讀書學生的場子，可能有百分之二、三十的學生受關注怎麼把書唸好，他們被期待著考上好學校，讓學校有耀眼的榜單。對於大部分「沒有讀書慧根」的學生則被視為是「救不起來」的，只好被教育制度放棄，學校對他們沒有太多的期待、沒有學習目標的訂定。十二年國教課程負有教育改革的重大使命，希望成就每一位孩子，讓每一位會讀書、不會讀書的學生在校園中皆有其學習任務，有機會利用這人生的菁華時期為自己的未來做更多的準備。雖然在這之中仍有一部分的學生在其中打混摸魚，但如果因為這個改革而多了 25% 的學生有其發揮的機會，那麼這個改革就值得去嘗試。而相關工作者或關鍵人物，包括教師、學生、家長、教育政策者、相關學者、社會大眾等，如果能在其中多使一點力，將可以讓這之中受惠的學生數增加。期待關鍵人物共襄盛舉，為這個時代使命付出一份可能力量。

　　感謝助理何旻樺、吳芊瑩及馬宛儀的文書協助，指導學生李國英、梁乃琪的協助校稿，感謝外子瑞埼、好友婉玲及子女的精神支持，使本書得以順利完成。

陳麗如

2021 年 2 月 23 日於長庚大學

如 何 讀 本 書

讀本書，成長教學素養

　　國教課綱範疇無限，在教育部國民及學前教育署（國教署）公布的課程綱要及相關用書即有數十本，每本書多則數百頁。又為了跨科的課程實施宗旨，教師似乎無法只關心自己的既有專長領域，需要把握的相關教育知能龐大繁瑣。因此本書做了整理，希望讀者得以鳥瞰國教課綱，以施展自己在國教課程中的能量。因為限於篇幅，建議讀者在閱讀本書時有幾項必須的態度與準備：

1. **必備工具書對照研讀**：為免內容太厚重雜亂，本書只能對國教課綱內的相關元素做一個整體的引導，建議讀者自備教育部所頒布的完整工具書對照研讀，至少包括《十二年國民基本教育課程綱要總綱》（教育部，2014）、「十二年國民基本教育課程發展指引」（國家教育研究院，2014）、十二年國民基本教育領域課程綱要「核心素養發展手冊」（國家教育研究院，2014）、十二年國民基本教育課程綱要「議題融入說明手冊」（教育部，2019d），以及教育部所頒布的各領域課程綱要，這些資料均在相關網站可以輕易下載。

2. **進一步蒐集查閱資料**：本書不可能涵蓋所有國教課綱的資料，但重要向度均儘量包含。讀者可以本書的內容為主軸，掌握課綱內的基礎元素後進一步蒐集查閱相關資料。為了文章的順暢度，本書以「透視鏡」單元補充零碎的資料或論點，讀者有興趣可再進一步查閱深層的意涵。每一章末也留有空白「透視鏡」，請讀者閱讀時也能檢視個人的疑惑處，或覺得應該進一步了解的論點自行整理資料後填入。在閱讀中，你也正在扮演著國教課程中學習者自主學習的角色。

3. **注意變動**：十二年國民基本教育課程是滾動式修飾，隨時有新的課程訊息頒布或修正，這也是時代教育課題的必然做法。因此讀者應注意

相關課程內涵的變化。

4. **與教學情境連結**：國教課綱素養導向教學之重點必須與教學情境充分結合，讀者應思考本書內涵可以與情境產生連結之元素。惟，若讀者為師資生或家長等身分，因為與教學情境接觸有限，此部分的發揮將受到限制。本書原計畫能充分描述各種情境範例，以使讀者更輕鬆地養成教學素養，但為了避免書籍太雜亂及控制篇幅，本書只進行重要概念的論述。若要以情境範例對照咀嚼，歡迎參考作者未來預計出版的另一本著作「學習情境對話三十六記──108 課綱素養教導」（五南圖書出版公司）。

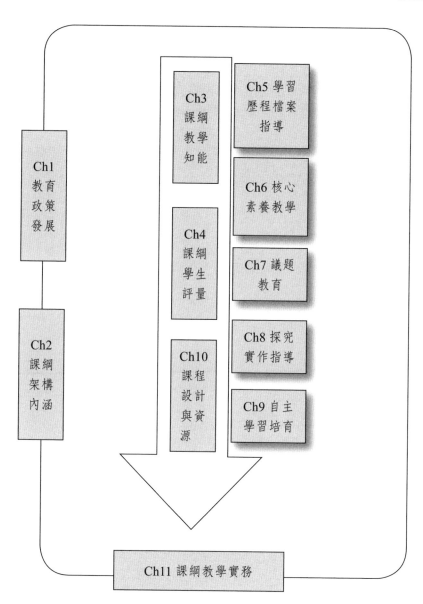

〈本書架構圖〉

CONTENTS

表目錄

·圖目錄·

第1章

十二年國民基本教育政策之發展

　　自古以來都相信一個世代的改變要從教育開始，無論國內外，近代的教育改革多以學生學習、教師教學，以及課程發展等幾個主軸進行檢視。現今以素養為導向的十二年國民基本教育課程，仍然在同一改革的方向上，但其中的理念更鮮明，實踐動作更積極。此章以十二年國民基本教育為中心，談及其教育改革發展的各個關聯面向，包括國際教育趨勢、課綱、高等教育入學制度，以及師資培育等的發展及內容，並將我國教育改革重要紀事整理於本章末表 1-7。

第一節　國際教育趨勢

　　教育普及是國際上的教育趨勢，教育成敗為一個國家興衰的重要因素，當今更明瞭高等教育的品質為一個國家在世界中立足的重要指標。於是不斷地檢討、修正教育政策，改革的重點也因應時代潮流及問題，發展出應對的主張。過去，各國因應自己的文化及歷史，發展各自的教育特色，某個國家的教育模式值得學習，於是國家教育決策者帶團參訪前往取經，回國後調整自己國家教育政策，如今，這樣的做法顯然已不足夠。「地球村」中的學生在其中流動著，學習內容共有、文化分享、評量公共化，各國之間有了許多的比較，共同發展教育方向。於是，國際教育趨勢牽動著各國的教育政策，一個國家的教育政策已不能躲在自己的溫柔鄉獨自發展。

一、OECD

社會變遷及科技產業的變化相當快速，讓教育脈動無法忽略知識文化的流動。相較於過去，當今知識更迭的周期更快速，根據聯合國教科文組織（United Nations Educational, Scientific and Cultural Organization, UNESCO）的分析推論，十八世紀一個知識周期是80年到90年、十九及二十世紀是30年、1980到1990年是5年、二十一世紀則是每3年一周期（王一芝，2019）。檢視過去的教育模式，當歷時數年設計編制的教科書完成時，面對的卻是另一科技潮流興起，在學生畢業後，已學得之知識已經落伍，導致在學校花費的時間、精力和產業仍無法接軌，學用落差的問題更加嚴重且普遍。於是，教學生「如何在變動的環境中同步前進」成為教育更重要的任務，教學生「如何用」、「如何運用或發展知識」，也就成為我國十二年國民基本教育（簡稱十二年國教）教改的重點之一。

國際上的一個組織──經濟合作發展組織（Organization for Economic Cooperation and Development, OECD），於1947年成立。主要目的在幫助各成員國家的政府，實現持續性的經濟增長和就業，成員國的人民生活水準提升，以促進金融穩定，從而貢獻於世界經濟體發展。因應前述知識教育變化的速度，OECD於是在2000年時提倡了「核心素養教育」的課程觀念，此後，世界各國便積極推展這樣的教育模式。

除了歐美各國，臺灣鄰近國家在核心素養的教育模式與考試制度早已行之有年，包括中國、日本、港澳、新加坡等國，甚至他們多已走到下一階段的革新，例如：香港已在大學入學考試中加入口述表達、中國高等學校招生全國統一考試（簡稱高考）之考試題目長達近一本五千字的小書等（見第六章核心素養導向教學）。在國際上，臺灣在核心素養的培育制度，已屬於落後，十二年國教的培育目標正要全力衝刺、迎頭趕上，否則臺灣教育將難以步入國際軌道，學子在未來發展上，將難以擁有穩定的職涯發展，也難以在國際上競爭。核心素養考題形式，就成為這個世代學生必須承擔的，核心素養導向課程也因此成為教師必備的教學能力。

二、TALIS 調查

　　國際大型教育調查常成為各國在面對類似挑戰時，相互提點和學習的元素。OECD 所主導之調查「教學與學習國際調查」（Teaching and Learning International Survey, TALIS）即為全球注目的教育訊息，其調查焦點為學校學習環境與教師教育工作。

　　2018 年臺灣參加 TALIS 對國民小學、國民中學，以及高級中學的調查發現，在教學上，臺灣教師較少引導學生做批判思考，也較少以團體形式訓練學生共同思考問題，或思考任務導向的解決方法，也較少使用多元的評量與多元教學策略。與重要參照國，以及 OECD 所有參與國平均相比，這些教學表現顯得不盡理想。考量學生未來能力的表現需求，在基於 TALIS 的分析下，我國教育部調整師資培育重點，提醒教師們更應著重於學生差異能力的教學、多文化多語文情境教學、跨學科學習技能，以及應用於教學的資訊與通訊技術（information and communication technologies, ICT）（柯華葳、陳明蕾、李俊仁和陳冠銘，2019）。受到國際教育主張的趨勢，國教課綱更強調教師的職前及在職專業發展，應引導學生進行高階思考、培養學生自主學習，以及運用適性教學策略和多元評量的教學知能，這些教學元素將在本書各章節論述。

三、PISA 評量

　　PISA（Programme for International Student Assessment，國際學生能力評量）同樣為 OECD 所主導。自 1997 年起籌劃跨國評量工作，由所有 OECD 會員國與其他非會員國的夥伴國家（地區）共同合作執行。從 2000 年正式推出後，參與國逐年遞增，其推廣的教育理念和執行評量品質已在國際間普遍獲得認同，如今其提倡的教育政策已成為舉世的教育大事。截至 2015 年，國際上有超過 70 個 OECD 會員國與夥伴國（地區）參與計畫，約略涵蓋 87% 的世界經濟體，超過 100 萬名學生接受評量（臺灣 PISA 國家研究中心，2020）。

　　OECD 主張教育的真諦在引導學生得以終身學習，包含正式與非正式的環境，如正規課程、課外社團、家庭環境、學校氣氛等，都應規劃於教育課程中，即素養課程。這促使我國國教課綱主導多元形式

的學習，包括在教學方法、教學形式、教學地點等面向。OECD 每 3 年對各國 15 歲學生進行閱讀、數學、科學三個學科的素養發展能力評量，因此 PISA 可用來作為跨國、跨時間的比較，成為各國調整教育政策時的重要依據。由於多數國家 15 歲的學生已完成其國家的義務教育（compulsory education），此時的評量可以了解各國學生在技能及態度方面累積近 10 年的學習成果，依其評估各國素養教育的成效。OECD 的 PISA 在評量學生面對生活中真實挑戰的本領，而不是學生對於學校課業學習的精熟程度。其測驗的目標在評量學生的「素養」，意即「個人在各種生活情境（context）脈絡裡形成、使用、詮釋科目的能力。」例如：「數學素養」包括了數學推理，以及使用數學概念、程序、事實、工具來描述、解釋、預測現象（李國偉，2013）。具有數學素養的個人，能掌握數學在世界中的角色與功能，能善用數學來解決生活問題。

PISA 以教育品質和均等指標作為跨國比較的主軸，因此，其結果受到各國的重視，PISA 以國際總部所規範的方法進行考生抽樣，從參與國所有包含 15 歲學生的學校名單中，以等比例抽樣方式抽取適當數量的學校，再由學校所提供的 15 歲學生名單中，隨機抽取 40 名進行施測，非由學生自行報名。PISA 將評量分數由高至低分為水準 6、5、4、3、2、1a、1b、1c，以及低於 1c，共九個水準，並定義「水準 5 以上」為高表現水準的學生，而「未達水準 2」為低表現的學生。各國在檢核各自的教育時，也都會分析高表現群與低表現群學生的分布情形。

PISA 研究中心也對學生素養養成條件進行分析探究，以提供各國參考，在世界中共同前進。例如：PISA 調查發現，課堂上教師使用電腦及網路教學時數愈多的學生，PISA 成績愈差，於是警告各教育體系不應太依賴電腦教學，否則會影響學生素養養成，建議只把數位工具作為教學輔助工具（林秀姿，2016）。

四、歐盟核心素養

參照 OECD 及 UNESCO 在 2003 年所提出的終身學習五大支柱，歐洲聯盟（European Union，簡稱歐盟）於 2006 年提出「終身學習核心素養：歐洲參考架構」（Key Competences for Lifelong Learning:

European Reference Framework），將素養界定為：「統整知識、技能及態度，以因應實際生活情境（contexts）需要」之涵養，個人得以實現自我，融入社會生活與職涯發展，進而成為積極參與民主社群的現代公民，具揭櫫八大核心素養為：(1) 母語溝通（communication in the mother tongue）；(2) 外語溝通（communication in foreign languages）；(3) 數學素養和科學與科技基本素養（mathematical competence and basic competences in science and technology）；(4) 數位素養（digital competence）；(5) 學習如何學習（learning to learn）；(6) 社會和公民素養（social and civic competences）；(7) 創發與創業精神（sense of initiative and entrepreneurship），以及 (8) 文化意識與表達（cultural awareness and expression）。歐盟委員會（European Commission）強調這八大素養應等量齊觀且有相互依存的關聯，而基本的讀、寫、算，以及資訊與通訊技術（Information and Communication Technology, ICT）能力，是所有學習活動的基礎（葉坤靈，2017）。

五、美國依據 PISA 的教育改革

美國鑑於 PISA 的評量成績與世界各國教育評比相當不理想，因而希望藉由教育改革提升教育績效責任及教育公平性，於 2002 年頒布《沒有落後孩子法案》（No Child Left Behind Act, NCLB）。法規名稱即道盡了教育的宗旨，希冀每一位學生在學習場域中，都有其可以伸展的學習任務，也都有其對應的學習績效。任何孩子都有其一定的學習潛能，都具有教育權利要求政府不能放棄他（吳清基，2020）。該法主要是修正 1965 年的《中小學教育法案》（Elementary and Secondary Education Act, ESEA），是一個加強中小學教育改革的法案（陳麗如，2004），強調透過教育卓越與教育公平的途徑，提升學生的學習成就，為全球競爭做準備。

美國為提高中小學的教育績效，規定每年均需安排學生成績標準化考試，並要求到 2014 年時，所有學生在閱讀、數學、科學科目達到年度適當進步指標（Adequate Yearly Progress, AYP）。為達此目的，美

國教育政策在教師品質上做了更積極的規範，期待藉以帶動學生的學習績效。

六、臺灣依據 PISA 的教育改革

因應世界教育趨勢，臺灣於 2006 年開始參與 PISA 評量，教育部及科技部並於 2007 年成立臺灣 PISA 國家研究中心。臺灣所參與過的幾次成績如表 1-1。其中在 2018 年的閱讀素養評量上，臺灣高閱讀表現的學生有 11%，低閱讀表現學生比例達 17.8%，相較於 2015 年，兩端人數比例均有成長，顯示臺灣學子的學習表現呈現 M 型化分布愈見明顯（黃仁杰，2019）。PISA 在國際教育的影響力與我國的 PISA 評量結果，都是促成《十二年國民基本教育課程綱要總綱》（簡稱國教課綱，因於民國 108 年實施，另稱 108 課綱）發展方向的重要來源。

依據 PISA 的教育理念，一個人具有素養的前提是具備知識，並且擁有各種基本能力，包括溝通、適應能力、學習策略、時間管理、自我信念、問題解決、資訊技巧等，學生在發展這些能力時需有廣泛的跨課程教導（臺灣 PISA 國家研究中心，2020）。所以，108 課綱的課程也就強調跨課程的教育模式，並且不能忽略培育學生個人的學習策略。

過去，臺灣的教育改革大多偏重在教育體制的鬆綁與調整，鮮少以學生學習為主軸，九年一貫課程改革則開始關注學生學習的內容，之後推動的攜手計畫，重視特殊教育、原住民、新移民教育等少數群體，其

〈表 1-1〉　臺灣學生參與 PISA 國際排名

	2006		2009		2012		2015		2018	
	名次	平均	名次	平均	名次	平均	名次	平均	名次	平均
參賽國家（地區）數	57		67		65		71		79	
閱　　讀	16	496	23	495	8	523	23	497	17	503
數　　學	1	549	5	543	4	560	4	542	5	531
科　　學	4	532	12	520	13	523	4	532	10	516

註：摘自臺灣 PISA 國家研究中心（2020）；2000 年及 2003 年臺灣未參與。

精神已明確地轉向以學生為主的教育方向（顏國樑，2013）。108 課綱更明確地主張以學生為主體的教育模式，因此，教師必須有能力去評估每一位學生的起點行為，擁有診斷學生學習問題的技能，以及有能力為每一位學生做個別化的引導，這些成為教師必備的能力與素養。

第一節　課綱發展

　　早期，教育部以「課程標準」規範課程教學，自 2003 年開始，才以「課程綱要」（簡稱課綱）取代「課程標準」，藉以降低教育部對課程實施的規範與限制，具體實踐「課程鬆綁」的教改主張。只要是正規教育，均必須受制於教育部所訂定或督導的課綱，包括幼兒園、中小學、大學，以及碩博士班課程。課綱主導著教師的教學方向，以及學生的學習內容，讓學校實施課程時擁有較大的自主性，也成為出版業者編輯教科書的依據。目前我國十二年國民基本教育課程綱要修訂採三階段程序，首先由國家教育研究院提草案後，經國家教育研究院課程研究發展會發展，再轉由教育部課程審議會（課審會）審查。民間出版公司可依據課程綱要編輯教科書送國家教育研究院審定，通過後各校得以選擇運用於教學現場。

《透視鏡》　綱要是法規

　　法律依其性質有不同的名稱，依《中央法規標準法》包括：(1) 經立法院通過，總統公布之法律得定名為法、律、條例或通則等。(2) 各機關發布之命令，或稱法規命令，依其性質稱為規程、規則、細則、辦法、綱要、標準或準則等。(3) 行政規則，包含須知、要點、注意事項、作業規定等。

　　「綱要」為規定一定原則或要項。

一、課程規範與教科書

　　我國於 1929 年首次訂定國家課程規範，據以執行國家教育工作（教育部，2014）。其後，為使教育現場的教師擁有教學依據，以及標準化實施教學過程，1949 年之後，臺灣教科書由教育部國立編譯館統一編寫。

二、國民義務教育課程標準

　　1968 年實施「九年國民義務教育」後，提高了國民教育水準，並且增加國家與社會發展的人才。為因應解嚴後的社會發展，於 1993 年公布《國民小學課程標準》，1994 年公布《國民中學課程標準》，於 1995 年公布《高中課程標準》，1999 年修法通過，在法律上正式確立一綱多本的實施。因為於 1999 年開始實施，又稱為「88 課程標準」。各級學校使用之教材不再受限於國立編譯館統一編修的課本，並將選擇教科書的權利交給各級學校自行決定，教育部只負責編訂課程標準，以及審查廠商出版的教科書內容，是為一綱多本時代。

三、九年一貫課綱

　　為推行九年一貫教育課程，教育部在 2003 年修定公布《國民中小學九年一貫課程綱要總綱》，是為「92 課綱」，於 2004 年全面實施。九年一貫課程強調學校本位課程，賦予學校更多課程決定的權利，因而學校教師在發展課程、自編教材，以及教學實施等方面均有相當彈性，使學校教育有更專業施展的機會。「92 課綱」訂定學生的十項基本能力及六個重要議題，基本能力包括：(1) 了解自我與發展潛能；(2) 欣賞、表現與創新；(3) 生涯規劃與終身學習；(4) 表達、溝通與分享；(5) 尊重、關懷與團隊合作；(6) 文化學習與國際了解；(7) 規劃、組織與實踐；(8) 運用科技與資訊；(9) 主動探索與研究；(10) 獨立思考與解決問題（重要議題另見第二章）。

　　九年一貫以前，乃以分科知識為課程架構的依據，學校教育不僅以知識為內容，也常以獲得知識為目標，是為「知識教育」時代。九年一貫課程是意識型態的改革，強調關鍵能力（key competence）的培育，

課程將國民小學及國民中學課程連結發展，強調培養學生能力，注重生活實用性，培養可以帶得走的基本能力。因此，在 92 課綱課程中，知識必須統整在生活變化的脈絡中，從個體發展、社會文化及自然環境三個面向，提供語文、健康與體育、社會、藝術、數學、自然與科技及綜合活動七大學習領域。學習領域為學習之主要內容，而非學科名稱，期待破除學科分立的缺失，有助於全人教育的實現。

四、十二年國民基本教育課程綱要

　　2019 年修正公布的《教育基本法》以「階段性推動十二年國民基本教育」，將國小、國中、高中、高職及五專前三年課程均納入統整，在 2019 年正式進入「十二年國民基本教育」的新里程，以延長基本教育年限，期冀厚植國民素質與國家實力。為了順利推動十二年國民基本教育，於 2014 年頒布訂定《十二年國民基本教育課程綱要總綱》，即 108 課綱。108 課綱之總綱下有八個領綱，十九個重要議題（見第二章）。

　　十二年國教課綱期待學生具有「素養」，也就是除了具有知識及能力，還有意願及習慣去行動的態度，更深入學生的個人內在（見表1-2）。近年來，由於社會結構有很大的變化、族群互動日益多元、網路及資訊發展快速、職業生態不斷變動、民主及社會正義意識覺醒、生態永續發展的概念，以及國際化所帶來的轉變，使得教育體系期待能因應世代變化，持續地檢討修正。十二年國民基本教育課程（簡稱國教課程）發展本於全人教育的精神，以「自發」、「互動」及「共好」（簡稱「自動好」）為理念，強調學生是自發主動的學習者，學校教育應善誘學生的學習動機與熱情，引導學生妥善開展與自我、與他人、與社會、與自然的各種互動能力，協助學生應用及實踐所學、體驗生命意義，願意致力社會、自然與文化的永續發展，共同謀求彼此的互惠與共好。以「成就每一個孩子，適性揚才、終身學習」為願景，期使個體與群體的生活和生命更為美好（教育部，2014）。

　　過去的教學幾乎完全以教師為主導，依教師的能力專長來安排對學生的教導，教師們心中都有一個課程方案，要學生學哪些課程、要怎麼

〈表1-2〉　課綱與內涵發展

課綱時代	期間	目標	意涵		學習關注
九年義務教育課標	民57-91年	知識	魚很營養，所以要吃魚	Know what.	這會考嗎？
九年一貫課綱	民92-107年	帶得走的能力	不直接給魚吃，教會他釣魚	Know how.	這怎麼用？
十二年國民基本教育課綱	民108-今	素養	發現自己愛吃魚，然後自己去想辦法吃到魚	Know yourself and do it!	適性揚才

學。國教課綱則不管會讀書或不會讀書的孩子，每個學生均有他的學習任務，每個孩子均可能在適合自己的領域內發揮才能。在教育過程中，教師以學生為主角，時時關注學生的學習、關注學生適性方向在哪裡，校方更為了因應學生的多元發展，增加各種選修課程，以及開放各類彈性課程，包括跨校選修、大學先修、自主學習計畫課程等。

五、高級中學課綱

在高中部分《普通高級中學課程暫行綱要》，於2004年公布，在2006年（民國95年）開始運作，因課綱未完成完整的修改流程，只作為過渡期間運用，故稱為95暫綱。95暫綱經過完整的修改流程後，於2008年通過，於2009年開始施行，稱為98課綱。除了上述幾次大變革外，其間陸續進行了幾次課綱微調，例如：教育部2008年完成《普通高級中學課程綱要》及《職業學校群科課程綱要》，自民國99學年度逐年實施，即99課綱微調；另有103課綱微調，乃在2014年針對高中國文與社會科的課綱微調，於2015年（民國104年）實施，又稱104課綱，或微調課綱。

《透視鏡》　十二年國民基本教育非義務教育

　　義務教育指政府有義務運用公共資源保障適齡兒童接受的教育，目前，我國義務教育為九年。義務教育受制於《強迫入學條例》，學生若應就學而未就學，則其監護人將負法律責任。十二年國民基本教育是以12年的期程教導學生基本能力，非義務教育，不受制於《強迫入學條例》，是否要就讀高級中學則由個人自由決定。

第三節　大學入學制度的變革

　　大學入學制度引導著中小學的教育方向與模式，於是，教育政策的改革常常會先從大學入學制度調整。本節將描述臺灣在大學入學制度上所經歷的幾次大變革，希望讀者能從其精神探討 108 課綱新政策在大學入學制度改革的意義與精神。

一、大學入學考試制度的變革

（一）聯考時代

　　是「一試定終身」的時代。為了選擇學習能力優秀的學子進入專業領域專研，2001 年以前，每年「大學暨獨立學院入學考試」（簡稱聯招或聯考），以 7 月 1 日、2 日、3 日舉行大學入學考試，每位學生依其選擇的組別（法商組、理工組等）進行考試。一年只有這幾天入學應試的機會，因此往往是決定一位學生一生生涯發展的關鍵。考試的分數就是入學的依據，十分單純，卻帶給考生相當大的壓力。然而，難道不具學術傾向的孩子就沒有才華嗎？而且，即使孩子有學術傾向，也常因為沒有充分的時間思考個人的發展，以及探討高等教育各專業領域的內涵，考生往往依據前幾年的考試成績落點選填志願，盲目地進入專業領

域就學常難以適性發展，許多畢業生未能「學以致用」。

當時，為有公正客觀的評分，多以選擇題型考固定範圍的知識內容，導致學生活用知識的能力受到大的框限，常成為死讀書的學生。學生怕學不來、記不住，於是課後時間為補習占滿，卻導致許多學生沒有時間消化所學，考試為學生的學習帶來相當的枷鎖，加深了填鴨學習的習慣。

（二）入學甄試時代

鑑於前述教育的缺失，為促使人人有受高等教育的權益，1990 年代，臺灣因為民間團體的推動而促使教育普及的大改革，1999 年《教育基本法》頒布之後，高級中等學校及高等教育學校普設。92 學年度高級中等學校畢業學生繼續升學的學子高達 62.63%，就學機會達 118.17%（楊朝祥和徐明珠，2007）。一連串的臺灣教育改革（簡稱教改）聲浪四起，新措施因應配合，包括法令制定、師資培育、課程實施、教學技巧、教科書編制、評量規劃等，均有重大調整，為臺灣教育史上第一次大的世代變動。此次的變革也牽動了大學入學管道多元化，以及師資培育體制的開放。

2007 年啟動多元入學方案，避免一試定終身的命運，大學入學考試除了沿用聯考制度的「大學入學指定科目考試」（簡稱指考），外加個人申請的入學甄試管道，除了學科能力測驗（簡稱學測）外，主要以書面審查及口試作為入學評分的依據，目的在將學生的學習經歷納入評審機制，希望學生經過探索目標校系的內涵再選填志願，此時最受質疑的是會秀出好的審查資料的學生占優勢。然而由於高三學生資料製作過於急切、都會區及鄉鎮的資源不均、審查資料過於形式化，進而審查檔案形成真實性疑慮等現象，無法肯定審查的實質價值。而為了入學目的，不少學生在入學口面試時常常偽裝意向，未能真實表達興趣，使口面試信效度大減。學生興趣與性向不明造成盲目學習、選擇不當，以及進入大學後休退學比例過高，都讓教育端急於改革。

此世代陸續做了一些小改革，後來又出現更多升學管道方案，包括繁星入學、特殊選才、希望入學等，但是學生與教授忙了半天，學生仍

未能達到適性揚才的效益，學用落差的問題仍然存在。對個人發展仍沒有時間充分探索，學校教學的模式仍然是屬於「會讀書」學生的場域。

《透視鏡》　大專院校學生休退學比例高

　　根據教育部統計處 2020 年的資料，107 學年大專院校學生中有166,562 人休退學，占學生總數 124 萬的 13.38%。

（三）素養導向時代

　　為切實推動中小學在 108 課綱上的實務，企圖以「考試領導教學」帶動中小學教育的積極改變。自 2022 年開始以 108 課綱為主軸，進行新的大學入學考試制度。入學仍開放更多元的管道，但希望以更有效益的模式甄選學生，包括平時即建制學習歷程檔案、格式一致使審核更公正、在招生簡章上藉由明列選才條件指出審查資料的具體內容，減少學生資料準備無邊無際、空洞且範圍過大，以讓學生在應試上有更明確的準備方向，心理上能更踏實。

　　108 課綱教育政策企圖以核心素養導向的學習模式，帶領學生學用合一，成為終身學習者。在入學甄選學生時也期待評核學生的素養，因此，以素養考題評核學生素養中的知識及能力，而以學習歷程檔案了解學生素養中的態度。在考試科目上，考量學生偏才的現象普遍，因此減少考科。學生可依自己的強項準備，由學生選擇決定，減少無奈、痛苦的學習時間。108 課綱除關注學生的素養外，也注重學生擁有學習的策略與方法，將學習與生活情境結合，並能應用所學透過實踐力行而追求全人發展，期待學子「學了要會用，用了要會實踐。」另希望學生從小即做生涯探索，對自己的未來有憧憬、有計畫，進而與職涯發展結合。

二、108 課綱大學招生專業化

　　大學入學考試總是影響高中教學，並且向下影響中小學的課程。東方文化常以高等教育的入學規則引導各教育階段的教育方向，108 課綱

也不例外。大學入學考試對新課程政策的推動有兩個作為：一在協助學生學習活化，所以有素養考題的變革；二在更有效地引導學生依個人的生涯志趣選擇專業精進的領域，因此以學習歷程檔案作為考生學習性向與態度的檢核。

（一）核心素養考試

為了建立學生面對新世代挑戰的能力，將精進大學入學考試命題，強調新課綱素養及跨領域之精神，朝向整合與基本能力素養而非片段的記憶性知識。大學入學考試具有如下之傾向或企圖：

1. 大學入學考試試題變革雖不能保證新課綱成功實施，但是若大學考試命題不調整，則新課綱的教育模式在中小學教學現場將難以推動。大學入學考試進行變革，將可以更積極促使高中端實踐素養導向課程，並引導中小學端教學活化，有助於學生多面向學習。

2. 如果教師只是以「容易教、乖乖學」的知識傳授方式教育下一代，將影響學生活用知識的能力，也限制了有創意想改變教學模式的教師發揮的機會。

3. 讓學生在準備考試的學習是有意義的，也就是藉由準備考試的過程，同時提升未來適應社會的能力，而不是死讀書卻在生活中不會運用。

4. 素養考題切入情境應用能力的評量，但仍包含高強度及低強度的素養考題，也會有知識性的基礎題目。入學考試有時間的限制，考試材料仍限制字數，情境題不一定是長題幹，與 PISA 的評量取向不全然一樣。

（二）學習歷程檔案評核

高中學生所做的學習歷程檔案成為大學入學評核很重要的項目之一。學習歷程檔案可說是過去入學制度中備審資料的變革（內涵與相關政策詳見第五章），其企圖或方向如下：

1. 由教育部國教署建制學習歷程系統，每個學生的學習歷程檔案格式一致，但內容可以呈現個人特色。審查檔案不需要比厚、比多，也不是比美觀、比財力。

2. 重視歷程：檔案的評核乃重視學生的學習歷程而非只看學習的結果，主要希望可以驗證出 108 課綱課程目標中核心素養的「態度」。

3. 評量內涵：大學端各校系依自己的需求與特色設定人才招募計畫，例如：各校系可能會將學生是否修過數甲、數乙、或加深加廣選修課程列入評核，也可能會設定多元學習的採納項目等，各校企圖評量出考生高中學習成果，以及大學學習潛能。

4. 學習歷程評量尺規：為了使學習歷程檔案的評量客觀，各校在審查學生學習歷程資料時均有制定能力取向的評量尺規，例如：分為 5 級：「傑出」為 90 分以上、「優化」為 80-89 分、「佳」為 70-74 分、「可」為 60-69 分、「不佳」為 60 分以下。

（三）多元入學管道

近年教育部積極補助大學提升校務專業管理能力，各校蒐集各項校務及學生學習數據資料，作為招收學生與其學習表現關聯分析，據以審定招生計畫。例如：各校以所分析資料規劃各種招生管道、學生人數的分配，又如從畢業生的流向核對學系人才培育目標等。依照高等教育科系屬性，學生在選擇專業進修時可分為十八個學群思考。

新的大學入學管道與既有做法差異不大，仍以多管道、多資料參採，企圖達到大學多元選才的目的，惟因應 108 課綱教育目標，2022年因應學習歷程檔案新政策，將有部分新措施：

1. 申請入學：除了參採學測成績（X）外，第二階段評核學生的綜合學習表現（personal, P），以參採學生的學習歷程及多元學習表現。

2. 分發入學：重視關鍵學科能力，強調簡單一致，只採計入學考試成績，包括學測 X、Y（分科測驗）與補充測驗，不參採其他審查資料直接分發。各校系可依各自的考量，加權計算各科目成績。

3. 繁星推薦：以學生在校成績全校排名百分比為甄選資格依據，強調平衡城鄉就學機會，以繁星推薦讓非都會區學生仍有與都會區學生競爭高等教育入學機會。

4. 特殊選才：招收有特殊才能、學習經歷與成就之學生，多是由各校獨立辦理招生，如清華大學拾穗計畫、交通大學百川學士學位學程等。

5. 其他政策性招生：各校可依各自審定條件提出招生方案，如類繁星推薦（只看單科，如靜宜大學）、弱勢學生學習輔導入學（如臺灣大學的希望計畫）、特殊學生甄試管道、特殊學生獨立招生，以及 110 學年度開始的願景計畫（在地國立大學招收低收入、中低收入、特殊境遇生等計畫）等。

目前以前兩類管道所占入學學生人數比例最多，繁星入學占第 3 高比例（見表 1-3）。其中因應國教課綱課程，考試將以核心素養導向命題。

其中新型學測 X 最多僅可採計四科成績，或所選之四科中另訂不同科目組合總分（如不採記自然，而只採計其中的生物等）。P 之內涵與形式，則由各校自行設定，多為非考科，包括 P1+P2（見圖 1-1），說明如下：

1. P1：主要為學習歷程檔案。為著重學生的學習歷程，高中累積了學習歷程資料庫系統，學生平時即建制個人學習檔案，在申請大學時，大學校系在學生課程學習成果採計至多 3 份，多元學習表現至多十項，外加自傳與學習動機（字數合計至多 800 字），圖片至多 3

〈表 1-3〉　近年各學年度及各入學管道獲分發人數

學年度	繁星推薦	個人申請	考試入學	合計
102	9806	43186	55307	108299
103	11067	44436	52608	108111
104	12852	46777	48537	108166
105	14480	46434	43659	104573
106	14787	44964	41022	100773
107	15197	46648	10301	102146
108	14686	51517	34633	100836
109	15010	52321	33521	100852

資料來源：大學入學考試中心（2020）。

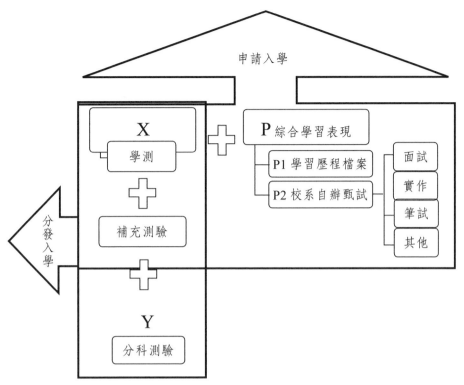

〈圖 1-1〉 大學入學考試評核向度

張。大學端所審查的資料格式統一，學生不需做美化（見第五章）。

2. P2：為校系自辦甄試，各校系依照所需人才的特質與需求設定評選的項目，例如：面試、實作、筆試等。較多明星校系會舉辦筆試型態考試，以了解學生較深的認知學習能力。

3. X（學測）：為考科，主要以部訂必修課程為主軸，包括語文（含國文及英文）、數學、自然（含物理、生物、化學、地球科學及探究與實作）、社會（含歷史、地理及公民），分級以 15 級分評核。幾乎所有高中端學校會將這個部分的課程安排在 10 年級（高一）課程中。

4. Y（分科測驗）：考較深的理論知識，以部定加深加廣課程為主軸，包括數甲、歷史、地理、公民與社會、物理、化學、生物。幾乎所有高中端學校會將這個部分的課程安排在 11 及 12 年級（高二及高

三）課程中。X+Y之成績，為分發入學之主要依據。分數則由過去採原始分數滿分 100 分，更改為以 45 級分制。

5. 補充測驗：部分學校會看其他測驗表現，包括英文聽力測驗、術科測驗。

　　本章第二節及第三節描述 108 課綱教育改革的精神與內涵，乃身為新教育時代中的師長應該掌握的重要元素，茲綜合結論，整理於表 1-4。

〈表 1-4〉　108 課綱元素

○學生主導性增加	○每個學生有自己的學習任務	○學習形式多元	○從小生涯探索
○平時即建制學習歷程檔案	○教授資料審查較公平	○審查資料多元	○審查資料難造假
○不需著重審查資料版面	○課程多元	○升學管道多元	○可先修大學課程
○中小學教學活化	○每個學校有各自的特色課程	○核心素養考試型態	○學測考科減少
○分發入學也可能採學測科目	○主科學習不一定是重要的	○學用合一	○資源公平（城鄉、貧富等）

《透視鏡》　學系、學類與學群

　　學系之間的關聯性有脈絡可循，經由分析大學學系的內容，依據各系重視的知識、考科、興趣、未來專業發展等因素，將相似的學系集合為一個學類，相似的學類組成一個學群。

　　學群含括的範圍及分類的依據，將依作業目的有不同的分法。例如：

1. 大學入學考試中心在引導學生專業領域性向選擇時，共分為十八個學群：（01）資訊學群；（02）工程學群；（03）數理化學群；（04）醫藥衛生學群；（05）生命科學學群；（06）生物資源學群；（07）地球與環境學群；（08）建築與設計學群；（09）藝術學群；（10）社會與心理學群；（11）大眾傳播學群；（12）外語學群；（13）文史哲學群；（14）教育學群；（15）法政學群；（16）管理學群；（17）財經學群；（18）遊憩與運動學群。

2. 繁星推薦入學志願選填分八個學群（110學年度大學繁星推薦入學招生簡章）：（01）第一類學群：文、法、商、社會科學、教育、管理等學系（學程）；（02）第二類學群：理、工等學系（學程）；（03）第三類學群：醫（不含醫學及牙醫）、生命科學、農等學系（學程）；（04）第四類學群：音樂相關學系（學程）；（05）第五類學群：美術相關學系（學程）；（06）第六類學群：舞蹈相關學系（學程）；（07）第七類學群：體育相關學系（學程）；（08）第八類學群：醫學、牙醫學系。

3. 技術型高中科別領域分為十五個學群。

4. 高中生小論文競賽分為二十一個學群。

第四節　師資培育

　　教師是教學的核心人物，往往是教育成敗的關鍵所在，教師素質是決定教育品質和國家實力的關鍵因素。早期師資培育制度是封閉的，在開放師資培育政策後也因應做了幾次變革。

一、師資培育改革

（一）一元化師資培育

　　是 1979 年至 1994 年間，依《師範教育法》由國家提供公費委由各師範院校進行中小學師資培訓，畢業後直接分發至各級學校實習與服務。一元化、計畫性、分發制師資培育政策可以充分掌握教育現場的教師需求，可以避免人力浪費且易於掌控師範生素質。但由於將師資培育的權力集中於師範院校體系，無法適時回應社會與時代的變遷，並阻礙師資素質的維持與提升（楊銀興、林政逸和劉健慧，2007），師範院校壟斷師資市場的抨擊不斷出現。

（二）多元化師資培育

　　為符應多元開放社會的需求，我國將原有的《師範教育法》於 1994 年修訂頒布《師資培育法》，在師資生修畢教育部規定的教育學分後，學校即發給學分證明書，此時的師資培育生改以自費為主，實習合格再經由教師資格檢定後得參加各個學校教師甄選。多元化師資培育具有自由競爭的機制，讓師資培育政策從原本的計畫性走向競爭性，教師的培育轉為儲備制（楊銀興等，2007）。1995 年公布《教師法》確立了教師資格取得與教師任用方式，透過多元儲備、自由甄選機制，讓各級學校依師資需求訂定甄選教師規則，更能促使教師基本素質與專業素養提升。為確保優質而專業的師資素質，教育部推動執行「師資培育素質提升方案」，期待在「優質、適量」原則下，使師資培育制度朝向專業化、優質化及卓越化的目標邁進（教育部，2009）。

（三）108 課綱之師資培育

為持續落實多元師資培育並提高教師素質，2017 年修正公布《師資培育法》，並據以訂定中華民國教師專業素養指引：《師資職前教育階段暨師資職前教育課程基準》（教育部，2020），促進各師資培育之大學在多元發展下確保師資培育品質與教師素質。各大學之師資培育課程皆配合調整，確保師資生於教育實習前即具備擔任教師所需的任教學科知識、教育專業知能、實踐能力與專業態度，並具整合能力展現專業。在專業師資培育的程序上，2018 年以後才開始修習師資課程的師資生，修畢課程後將先參與教師資格檢定，通過後方可實習，與現行的先實習才具有參加檢定考試資格之規範有所修正。前述基準公布五大素養及十七項素養指標（表 1-5），充分回應十二年國教課綱以素養為導向的精神，教師資格考試之評量架構及考科內容相應修訂（見表1-6），自 2021 年起實施素養導向之教師資格檢定考試。

〈表 1-5〉　教師專業五大素養及十七項素養指標

專業素養	專業素養指標
1. 了解教育發展的理念與實務	1-1 了解有關教育目的和價值的主要理論或思想，以建構自身的教育理念與信念。 1-2 敏銳覺察社會環境對學生學習影響，以利教育機會均等。 1-3 了解我國教育政策、法規及學校實務，以作為教育實踐的基礎。
2. 了解並尊重學習者的發展與學習需求	2-1 了解並尊重學生身心發展、社經及文化背景的差異，以作為教學與輔導的依據。 2-2 了解並運用學習原理，以符合學生個別的學習需求與發展。 2-3 了解特殊需求學生的特質及鑑定歷程，以提供適切的教育與支持。
3. 規劃適切的課程、教學及多元評量	3-1 依據課程綱要／大綱、課程理論及教學原理，以規劃素養導向課程、教學及評量。 3-2 依據課程綱要／大綱、課程理論及教學原理，以協同發展跨領域／群科／科目課程、教學及評量。 3-3 具備任教領域／群科／科目所需的專門知識與學科教學知能，以進行教學。

專業素養	專業素養指標
	3-4 掌握社會變遷趨勢與議題，以融入課程與教學。
	3-5 應用多元教學策略、教學媒材及學習科技，以促進學生有效學習。
	3-6 根據多元評量結果調整課程與教學，以提升學生學習成效。
4. 建立正向學習環境並適性輔導	4-1 應用正向支持原理，共創安全、友善及對話的班級與學習環境，以養成學生良好品格及有效學習。
	4-2 應用輔導原理與技巧進行學生輔導，以促進適性發展。
5. 認同並實踐教師專業倫理	5-1 思辨與認同教師專業倫理，以維護學生福祉。
	5-2 透過教育實踐關懷弱勢學生，以體認教師專業角色。
	5-3 透過教育實踐與省思，以發展溝通、團隊合作、問題解決及持續專業成長的意願與能力。

摘自：教育部（2020），師資職前教育階段暨師資職前教育課程基準（3-4頁）。

〈表 1-6〉　各師資類科師資職前教育課程總學分數及各類課程學分數原則

師資類科		職前教育課程總學分數（最低學分數）	各類課程最低學分數				
			教育專業課程			專門課程	普通課程
			教育基礎	教育方法	教育實踐		
中等學校師資類科		教育專業課程26+專門科目26	4	8	8	26-50（依任教科目）	各校自訂
國民小學師資類科		教育專業課程36+專門科目10	4	8	12	10（教學基本學科）	各校自訂
幼兒園師資類科		教育專業課程46+專門科目4	15	17	14	4	各校自訂
特殊教育學校（班）師資類科	身心障礙類	特殊教育專業課程28+中教教育專業課程10+專門科目32	8	8	8	18+14	各校自訂
			10（中教教育專業課程）				

師資類科	職前教育課程總學分數（最低學分數）	各類課程最低學分數				
		教育專業課程			專門課程	普通課程
		教育基礎	教育方法	教育實踐		
資賦優異類	特殊教育專業課程28+小教教育專業課程10+專門科目32	4	8	8	18+14	
		10（小教教育專業課程）				
	特殊教育專業課程28+幼教類教育專業課程16	4	8	8	無	
		16（幼教教育專業課程）				
	特殊教育專業課程28+中等學校師資類科教育專業課程10	8	8	8	26-50（依中等學校師資類科專門課程）	各校自訂
		10（特殊需求領域及領域／科目調整教學知識課程）				
	特殊教育專業課程28+國民小學師資類科教育專業課程10	8	8	8	26-50（依中等學校師資類科專門課程）	各校自訂
		10（特殊需求領域及領域／科目調整教學知識課程）				

摘自：教育部（2020），師資職前教育階段暨師資職前教育課程基準（7-10頁）。

　　在師資培育課程方面分為專門課程及教育專業課程，師資並分三類教師進行培育：

1. 中等學校、國民小學師資類科：各學科／各領域／各群科教材教法及教學實習，採合流培育方式，該兩階段兩類科目均須分別修習，不

得抵免。

2. 幼兒園師資類科：統整各領域教材教法及教學實習。

3. 特殊教育學校（班）師資類科：另分為身心障礙組及資賦優異組，培育內容包括各教育階段身心障礙／資賦優異學生各（跨）領域／學科／群科之教材教法，以及教學實習。

二、教師資格檢定

在國教課綱引導整個教育體系的脈動下，如何考出預備教師的國教課綱教學能力，成為教師資格檢定之重要元素。

教師資格檢定考試分為幼兒園、特殊教育學校（班）、國民小學及中等學校四類科，應試科目調整後國民小學類科共同科目為「國語文能力測驗」及「數學能力測驗」兩科，其他類科共同科目為「國語文能力測驗」一科；教育專業科目為「教育理念與實務」、「學習者發展與適性輔導」及「課程教學與評量」三科，故各類科應試科目除國民小學類科為五科外，其餘類科為四科。師資檢定考試並計畫於 2023 年進行電腦化檢定考試。在考試題型上，包括選擇題、非選擇題，以及綜合題題型。依素養評量指標為準，題目情境貼近教學現場，題型包括選擇、是非、配合與問答題，屬於多元題型，並進行跨科目、跨領域、跨知識的整合，其中問答題部分主要是評量考生是否能針對問題情境提出自己的論述與見解。當然，許多基礎能力仍在考試範圍，這些能力不會因時代不同而改變，如班級經營、測驗與評量等知識，但是教師必須能把所學教學知能活化運用於教學情境，亦即教師本身應有「教師專業素養」。

〈表 1-7〉　臺灣教育改革重要紀事

民國	18	38	57	68	83	84	88	88	91	92	95	98	99	103	104	107	107	108	111
事件	課程規範	教科書	延長義務教育	《師範教育法》	《師資培育法》	《教師法》	《教育基本法》	88課程標準	大學入學變革	92課綱	95暫綱	98課綱	99課綱微調	108課綱	104課綱微調	師資檢定新制	領綱	108課綱	大學入學考試變革
概述	↑訂定國家課程規範	↑由國立編譯館統一編寫	↑九年國民義務教育	↑頒布	↑修正《師範教育法》	↑頒布	↑頒布	↑頒布	↑多元入學方案	↑九年一貫課綱	↑《普通高級中學課程暫行綱要》	↑《普通高級中學課程綱要》	↑高中高職課綱	↑108課綱總綱發布	↑《普通高級中學課程綱要》	↑先教檢再實習	↑108課綱之領綱陸續發布	↑實施十二年國民基本教育	↑入學考試核心素養導向考題

《透視鏡》

第2章

108 課綱架構與內涵

經過數十年的改革、檢討，也因應國際潮流，108 課綱訂定了新的教育主軸，培養學生核心素養成為教育的重要任務，期待「沒有落後的孩子」落實在教育環境，每一位學生都有其學習任務，每一位學生均是教育場域中的主角。國教課綱重新定義成功教育的法則：學生在其中自主學習、適性揚才，即為成功學習者。而教師、家長，以及教育政策都是輔助者、效益促進者。

在進入課綱的內涵之前，要提醒讀者：教育部均有頒布各領域及各課程綱要，本書為免占據太多篇幅，因此只做各領域基本理念及課程方向概述，輔以部分相關論述。建議讀者另外準備教育部所頒布的幾份重要資料對照研讀，一為《十二年國民基本教育課程綱要總綱》（教育部，2014）；二為「十二年國民基本教育課程發展指引」（國家教育研究院，2014）。另外，在針對各領域或各科教學的認識，也需以十二年國民基本教育之各領域課程綱要或各科課程手冊為工具書，參照閱讀。

108 課綱乃國家教育研究院「十二年國民基本教育課程研究發展會」負責課程研議，教育部「十二年國民基本教育課程審議會」負責課程審議後頒布（教育部，2014）。各校實施課程前，由校內的「課程發展委員會」（簡稱課發會）設計、審議與推行校內各類課程及其教科用書，包括校本課程、校訂課程，或其他各類彈性學習課程、團體活動等。各課程教科書是課程綱要具體化之教材，各校可採購民間出版品或由校內教師自行編制。每個課程必須將核心素養列為教學重點，將議題適切融入，引導各課程教材的組織與選擇。

本章介紹 108 課綱之架構與內涵，主要論述總綱、領綱，以及課

程架構。而「議題教育」及「探究與實作」，是十二年國教課程中另兩個相當重要的主軸，因此另闢兩章，分別於第七章及第八章進行論述。

第一節　課綱內涵

一、總綱

《十二年國民基本教育課程綱要總綱》乃整體十二年國民基本教育課程、教學規劃與實施的藍圖，並且引導各領域／科目課綱發展。其列出了十二年國民基本教育課程共具有四項總體目標，為：啟發生命潛能、陶養生活知能、促進生涯發展，以及涵育公民責任。總綱引導各教育階段間的學習任務充分銜接，因此是十二年一貫規劃的課程。目前國教課綱將十二年國教分為五個學習階段：小學每兩個年級為一學習階段，外加國中的第四學習階段，以及高中的第五學習階段，每一年為一個年級，因此可稱一年級至十二年級共有十二個年級，各階段各年級各有其重要的學習任務。

108 課綱重新拆解九年一貫課綱之授課主題，以十二年國教課程循序漸進，連貫設計，有幾個大的變革：一在深化學生基本學力；二為各校指引以學生為中心發展學校課程；三採跨學科領域推動主題式統整課程。在中小學階段主要深化學生基本學力，在有脈絡、有意義的生活情境學習，以領域進行跨學科的學習。國中階段調整各科難易度及內容，與各類型高中職銜接；高中職階段有更多變革，以為高等教育專業培訓做準備。

二、領綱與課程規範

依據全人教育的理念，配合知識結構與屬性、社會變遷、知識創新，以及學習心理之連續發展原則，教育部 108 課綱總綱之下將學習範疇劃分為八大領域，據此編制領域綱要，即「領綱」，帶領教師引導學生以統整的學習經驗，培養具備現代公民所需的核心素養與終身學習能力，包括語文領綱、數學領綱、社會領綱、自然科學領綱、健康與體

育領綱、科技領綱、綜合活動領綱、藝術領綱。除了數學外，每個領綱下均包括數個科目（見圖 2-1）；另外還包括全民國防教育、生活課程、技術型高中群科、特別類型教育等（教育部，2014）。這些領綱或課程科目，都由具該領域專長的教師主導授課，但因部分課程需要跨

〈圖 2-1〉　十二年國教課綱八大領域與科目
註：最中心為學生，第二層為領綱，第三層為各領綱下之科目。
摘自：大學招生委員會聯合會（2020）。

領域跨科目共同設計課程，所以每位教師也必須知曉其他領域的範疇，以便順利推動協同教學。每個領綱內容包括壹、基本理念；貳、課程目標；參、時間分配；肆、核心素養；伍、學習重點；陸、實施要點，以及柒、附錄，其中實施要點包括課程發展、教材編選、教學實施、教學資源，以及學習評量五項。每個領綱課程附錄至少有兩則：一為各領域課程學習重點與核心素養呼應表參考示例；二為議題適切融入領域課程綱要。此外，依各自領綱之需求，附有補充資料或特別應注意之規則，如實施說明。

另外，尤其應注意各領綱學習重點分兩個部分：一為學習表現，編碼常以 1、2、3 等數字依序呈現；二為學習內容，編碼常以 A、B、C 等字母依序呈現，有的則會先冠上科目縮寫再接其他序碼，例如：音樂以「音」呈現（詳見第十章說明）。學習重點在國教課程中占據相當重要的角色，是課程設計需依循的具體目標，用以引導課程設計、教材發展、教科書審查及學習評量等，並配合教學加以實踐。教師在編寫教案（lesson plan）時，更須查閱對照編碼撰寫，此另於本書第十章教案一節內說明。

關於本節之領綱及課程訊息，讀者可進入「國民中小學課程與教學資源整合平臺」（Curriculum & Instruction Resources Network, CIRN）擷取資料研讀了解。由於內容相當多，而各教師的教學科目專業能力已在各自專業學習中養成，因此，本節只作為各領域及課程基本理念與重要內涵概要的提醒，聚焦在學習重點架構的說明，引導教師在參與跨領域／跨科課程設計時具有整合概念。本節並在課綱的學習重點有脈絡時，儘量以表格統整呈現。但若各領綱內學習重點分科或層次太多，則不一一描述。另外，各科目課程示例、實施說明等，亦不占篇幅重述，請有需求的讀者另行對照教育部所頒布資料對照研讀。

（一）語文領綱

語文領綱含括各種語文之領綱，包括國語文、英語文、本土語文／臺灣手語／新住民語文，其中本土語文含閩南語文、客語文、原住民族語文、閩東語文，以及其他第二外國語文（教育部，2021）。

語文是社會溝通與互動的媒介，也是文化的載體，語文教育在培養

學生語言溝通與理性思辨的知能，奠定適性發展與終身學習的基礎，幫助學生了解並探究不同的文化與價值觀，促進族群互動與相互理解。經由國語文教育幫助學生習得現代公民所需的語文相關能力，藉由各類文本的閱讀欣賞與創作，激發創意，開拓生活視野，培養反省、思辨與批判的能力，健全人我關係，體會生命意義，理解並尊重多元文化，關懷當代環境，開展國際視野。

　　國語文領綱之課程為每個學習階段均要實施，其附錄另又包括「國語文學習表現之教材編選與教學實施說明」、「普通型高級中等學校（第五學習階段）推薦選文 15 篇」；英語文領域為第二學習階段開始實施，領綱之附錄另有「主題與體裁參考表」、「溝通功能參考表」、「參考字彙表 2000 字」、「國民中學英語文基礎文法句構參考表」；第二外國語文係指英文以外的各種外國語文，包含歐洲語文、東北亞及東南亞語文等，主要在第五學習階段實施；其他尚有本土語文、閩南語文、客家語文、原住民族語文及新住民族語文等，主要於國小教育階段實施。另外，因應《國家語言發展法》（2019），2021 年頒布的 108 課綱修訂版中於語文領綱中增加「臺灣手語」課程。

　　以上各語文課程之學習重點，請見表 2-1。

《透視鏡》　國家語言

　　我國《國家語言發展法》於 2019 年公布，條列「國家語言」指臺灣各固有族群使用之自然語言及臺灣手語，並明訂中央教育主管機關應於國民基本教育各階段，將國家語言列為部定課程。

（二）數學領綱

　　數學是科學之母，並認為是一種生活與科學知識的語言，例如：日常生活的需求、自然奧祕的探究、社會現象的解讀、財經問題的剖析、科技發展的支柱等，均需要經過數學協助分析。從國際上的教育主張、評量向度及我國十二年國民基本教育的課程規劃上，顯見數學課程一直

〈表 2-1〉　各語文課程之學習重點

	國語文	英語文	第二外國語文	閩南語文	客家語文	原住民族語文	新住民語文
學習表現	1 聆聽、2 口語表達、3 標音符號與運用、4 識字與寫字、5 閱讀、6 寫作	1 語言能力（聽）、2 語言能力（說）、3 語言能力（讀）、4 語言能力（寫）、5 語言能力（聽說讀寫綜合應用能力）、6 學習興趣與態度、7 學習方法與策略、8 文化理解、9 邏輯思考、10 判斷與創造力	1 聽、2 說、3 讀、4 寫、5 聽說讀寫綜合應用能力、6 學習策略、7 文化理解、8 邏輯思考與創造力	1 聆聽、2 說話、3 閱讀、4 寫作	1 聆聽、2 說話、3 閱讀、4 寫作	1 聆聽、2 說話、3 閱讀、4 寫作、5 綜合應用	1 學習態度、2 語言能力（含聽、說、讀、寫）、3 跨文化行動力
學習內容	A 文字篇章 B 文本表述 C 文化內涵	A 語言知識 B 溝通功能 C 文化與習俗 D 思考能力	A 語言知識 B 溝通功能	A 語言與文學 B 社會與生活	A 語言/文學 B 社會/生活 C 藝術/文化	A 語文 B 文化	A 語言要素 B 文化要素

以來在各教育階段中占有相當基礎且重要的地位。108課綱數學課程希望以基礎數學，為未來進入大學、職場與社會做充分的準備。學習內容涵蓋數學基礎重要事實、概念、原理原則、技能，以及後設認知等知識。然而，工具對於數學教學助益極大，也是生活必需品，因此108課綱數學教學主張培養學生正確使用工具的素養，包括傳統教具如圓規、三角板、方格紙等，以及資訊時代的計算機、電腦、網路、多媒體、行動工具、試算表及數學軟體等。國際間各國重要考試早已開放使用計算機應試，如英國、中國、美國的「學術水準測驗考試」（Scholastic Assessment Test, SAT）等。有數學素養又能靈活應用工具，是國民需要的數學能力。數學領綱中另外的附錄「學習內容主題和分年雙向細目表」，是希望藉由學生對數學有感的學習課程，不論年齡、能力、興趣等條件為何，皆能獲得足以結合理論與應用的數學素養。

　　數學領域學習重點分國民小學、國民中學、普通型高級中等學校等。學生自11年級起，可依不同興趣與能力進行分軌選修，包括必修課程（11年級分A、B兩類）、普通型高級中等學校加深加廣選修課程（12年級分甲、乙兩類）（見圖2-2）。由於數學領域之學習重點內容的層次相當多，此段不作描述，需要詳讀的讀者請自行查閱《十二年國民基本教育課程綱要國民中小學暨普通型高級中等學校——數學領域》（教育部，2018d）等各教育階段之領綱。

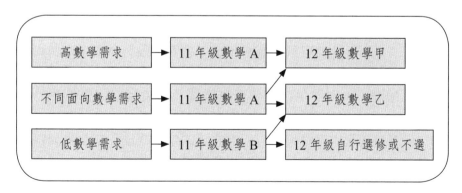

〈圖2-2〉　11年級起數學學習路徑建議圖
摘自：教育部（2018d）。

（三）社會領綱

社會領域課程在學生第二學習階段開始實施，主要包括歷史、地理及公民與社會三科。社會領綱以人文與社會科學相關知識為基礎循序發展，主要教育功能為傳遞文化與制度，培養探究、參與、實踐、反思及創新的態度與能力。其特色有三：(1) 以學生為學習主體，考量不同背景學生的多元生活經驗，並兼顧生涯探索及發展，提供學生自主學習空間；(2) 顧及不同地區、族群及學校類型的特色，提供課程發展之彈性；(3) 透過多重策略達成領域內的縱向連貫、區隔與橫向整合。

社會領域的學習表現包含：(1) 理解及思辨；(2) 態度及價值，以及 (3) 實作及參與，此三項為領域構面，構面下各有三個項目。學習內容則依各教育階段及學習型態而有不同，其中國民小學教育階段以 (A) 互動與關聯；(B) 差異與多元；(C) 變遷與因果，以及 (D) 選擇與責任，四個主題軸為統整架構，統整歷史、地理、公民與社會三學科的相關學習主題；其他如國民中學暨普通型高中等則以分階段、分高中型態等，再依分科編列學習重點。學習重點內容層次相當多，此段亦不描述，需詳讀的讀者請自行查閱《十二年國民基本教育課程綱要國民中小學暨普通型高級中等學校 —— 社會領域》（教育部，2018b）等各教育階段之領綱。

（四）自然科學領綱

自然科學領域課程在學生第二學習階段開始實施，課程包括生物、物理、化學、地球科學四學科，高中教育階段另增加探究與實作共五學科。

科學源起於人類對生活的好奇或需要，藉由觀察研究自然界各種現象與變化，巧妙地運用科學解決問題、適應環境，以及改善生活。科學在文明演進過程中持續累積，成為文化的重要內涵。學生具備科學素養，方能了解科學的貢獻、限制，以及善用科學知識與方法，並以理性積極的態度和創新的思維面對日常生活中各種與科學有關的問題，做出評論、判斷及行動。科學學習的方法，應當從激發學生對科學的好奇心與主動學習的意願為起點，引導其從既有經驗出發，主動探索、實驗操作與多元學習，使學生能具備科學核心知識、探究實作與科學論證溝通

的能力，養成學生運用科技學習與解決問題的習慣，並能更進一步為下一階段的生涯發展做準備（教育部，2018a）。

　　自然科學領綱期待各學習階段重視並貫徹「探究與實作」的精神與方法，提供學生統整的學習經驗，並強調跨領域／科目間的整合。為此，高級中等學校教育階段增列自然科學「探究與實作」課程。教師設計課程時，應根據各學習階段的學生特質，選擇核心概念，再透過跨科概念與社會科學議題，引導學生經由探究、專題製作等多元途徑獲得深度的學習，以培養科學素養。

　　自然科學領綱之學習重點見本節末表2-4，學習表現包括：(1) 思考智能；(2) 問題解決；(3) 科學的態度與本質。學習內容包括：(A) 自然界的組成與特性；(B)自然界的現象規律及作用；(C)自然界的永續發展。

（五）健康與體育領綱

　　健康與體育領域課程主要在於培養學生具備健康生活與終身運動知識、能力與態度的健全國民，第一至第四學習階段包括「健康教育」與「體育」兩科，第五學習階段則分「健康與護理」及「體育」兩科實施，包含以下三項重要內涵：(1) 以學生為主體及全人健康之教育方針，結合生活情境的整合性學習，確保人人參與身體活動；(2) 運用生活技能以探究與解決問題，發展適合年齡應有的健康與體育認知、情意、技能與行為，讓學生身心潛能得以適性開展；(3) 建立健康生活型態，培養日常生活中各種身體活動能力，並具國際觀、欣賞能力等運動文化素養，以鍛鍊身心，培養競爭力。

　　健康與體育領綱之學習重點見表2-4，學習表現包括：(1) 認知；(2) 情意；(3) 技能；(4) 行為等四種類別。學習內容包含：(A) 生長、發展與體適能；(B) 安全生活與運動防護；(C) 群體健康與運動參與；(D) 個人衛生與性教育；(E) 人、食物與健康消費；(F) 身心健康與疾病預防；(G) 挑戰類型運動；(H) 競爭類型運動；(I) 表現類型運動，共九個範疇。

（六）科技領綱

科技領域課程是國民中學教育階段以後才開始實施，包含資訊科技與生活科技兩科目。

科技是人類所「設計」及「製作」出的產物。108 課綱將原本九年一貫課綱中的資訊科技與生活科技合併成「科技領域」，目的是為了跟上世界潮流。身為資訊社會的公民，如何因應科技發展帶來的新生活方式，掌握、分析、運用科技的能力，並能友善運用資源以與社會環境永續發展共存，為現代國民應具備的基本素養，也就是目前教育界主張的 STEAM 跨領域學習能力：科學（science）、技術（technology）、工程（engineering）、數學（mathematics）與藝術（art），以及工業 4.0 所帶來的網路應用（張訓譯，2018）。

科技領域課程旨在培養學生的科技素養，企圖引導學生經由觀察與體驗日常生活中的需求或問題，設計適用的物品，並且能夠運用電腦科學的工具澄清理解、歸納分析或解決生活中的問題，其課程學習表現包括「運算思維」及「設計思考」。科技領綱分「資訊科技」及「生活科技」兩個科目，並依部定必修及加深加廣選修陳列學習內容（見表 2-2）。

〈表 2-2〉 科技領綱之學習重點

	運算思維	設計思考
學習表現	1 運算思維與問題解決 2 資訊科技與合作共創 3 資訊科技與溝通表達 4 資訊科技的使用態度 5 運算表達與程序 6 資訊科技創作	1 日常生活的科技知識 2 日常科技的使用態度 3 日常科技的操作技能 4 科技實作的統合能力

	科目	資訊科技	生活科技
學習內容	部定必修	A 演算法 B 程式設計 C 系統平臺 D 資料表示、處理及分析 E 資訊科技應用 F 資訊科技與人類社會	A 科技的本質 B 設計與製作 C 科技的應用 D 科技與社會

	科目	資訊科技	生活科技
學習內容	加深加廣選修	「進階程式設計」 A 程式語言 B 資料結構 C 演算法 D 程式設計實作	「工程設計專題」 A 設計與製作 B 科技的應用

《透視鏡》　工業 4.0（Industry 4.0）的高端科技發展

1. 工業 1.0：英國工業革命開始，瓦特（James Watt）發明蒸汽機，以蒸汽力取代人力、獸力，機械化生產取代人工生產。

2. 工業 2.0：美國富蘭克林（Benjamin Franklin）發現電，用電力取代蒸汽力，讓工業化製造產品更有績效，是為電氣化時代。

3. 工業 3.0：電腦 e 化、自動化控制時代，以電腦自動管理生產，逐漸取代人工控制生產，是為數位控制時代。

4. 工業 4.0：德國率先帶領全球走入高端工業化生產競爭時代，重視大數據生產決策、雲端訊息運算控制、互聯網、物聯網、行動通訊決策……，是為智慧製造時代。

摘自：吳清基（2020）。

（七）綜合活動領綱

　　綜合活動領域課程在學生第二學習階段開始實施，國民中學教育階段包含家政、童軍和輔導三個科目，普通型高級中等學校教育階段必修科目包含生命教育、生涯規劃和家政三個科目，另有加深加廣選修課程三個科目：「思考：智慧的啟航」、「未來想像與生涯進路」、「創新生活與家庭」。各個科目在教案中之編碼，在第四學習階段包括了「家」（家政）、「童」（童軍）、「輔」（輔導）；第五學習階段必修包括「生」（生命教育）、「涯」（生涯規劃）、「家」（家政），

加深加廣選修課程包括「思」（思考：智慧的啟航）、「未」（未來想像與生涯進路）、「創」（創新生活與家庭）等的簡稱示之。其目標在擴展學生價值探索與體驗思辨、涵養美感創新與生活實踐，以及促進文化理解與社會關懷。內涵架構包括三個主題軸（自我與生涯發展、生活經營與創新，以及社會與環境關懷），以及十二個主題項目（見表2-3）。每個科目均有各自的學習重點，以普通高中為例，三個必修課程科目之學習表現與學習內容分別均包括：

1. 生命教育：包括(1)及(A)哲學思考、(2)及(B)人學探索、(3)及(C)終極關懷、(4)及(D)價值思辨，以及(5)及(E)靈性修養，共五類別。
2. 生涯規劃：包括(1)及(A)成長歷程與生涯發展、(2)及(B)自我覺察與整合、(3)及(C)自我調節與態度培養、(4)及(D)生活挑戰與調適、(5)及(E)教育發展與職業選擇、(6)及(F)職業生活與社會需求、(7)及(G)生涯評估與抉擇，以及(8)及(H)生涯行動與實踐，共八類別。
3. 家政：包括(1)及(A)飲食、(2)及(B)衣著、(3)及(C)生活管理、(4)及(D)家庭，以及(5)及(E)職場預備與形象管理，共五類別。

〈表2-3〉 綜合活動領域之內涵架構表

主題軸	自我與生涯發展	生活經營與創新	社會與環境關懷
主題項目	a. 自我探索與成長	a. 人際互動與經營	a. 危機辨識與處理
	b. 自主學習與管理	b. 團體合作與領導	b. 社會關懷與服務
	c. 生涯規劃與發展	c. 資源運用與開發	c. 文化理解與尊重
	d. 尊重與珍惜生命	d. 生活美感與創新	d. 環境保育與永續

摘自：教育部（2018c）。

（八）藝術領綱

藝術領域課程在學生第二學習階段開始實施。第二至第四學習階段包括音樂、視覺藝術與表演藝術三個科目，第五學習階段包括音樂、美術、藝術生活等必修科目，以及表演創作、多媒體音樂、基本設計、新

媒體藝術等四科加深加廣選修科目。

人們藉由藝術類型的符號與其多元表徵的形式進行溝通與分享、傳達情感與觀點。藝術能激發學生的直覺、推理與想像，促進創意及思考的能力。藝術領域課程希望培育學生具備藝術涵養與美感素養，以及面對未來開展不同生涯所需終身學習的素養，使學生能運用感官、知覺和情感，透過實作、實地參訪學習、參與操作、提升自主學習與探索能力，以辨識藝術的特質與意義，了解藝術與生活、社會、時代、文化、國家與族群的相關議題。藝術領域的課程架構在學習表現與學習內容均包括：(1) 及 (A) 表現；(2) 及 (B) 鑑賞，與 (3) 及 (C) 實踐三個學習構面（見表 2-4）。

（九）全民國防教育

國防為國家生存與發展的重要基礎，全民國防教育之價值在使國民能理性思考國家的處境，體認在國家安全前提下，個人才能安居樂業。透過培養學生對社會與國家的責任感，養成行動力以實踐對國家的認同與支持，並建立謀求國家安全與發展之相關概念。課程綱要配合學生認知發展，並整合全民國防、國際情勢、國防政策、防衛動員，以及國防科技等五大主軸，在內容上力求結合生活經驗、社會時事及國內外議題，以引發學生的學習動機與興趣。國防教育並透過各類防災演練與實作活動，強化團隊合作的精神，培養同理關懷與溝通互動的能力。

全民國防教育領綱之學習重點見表 2-4，共分為三項學習表現：(1) 國防知識；(2) 對國防的正向態度；(3) 防衛技能。學習內容分為：(A) 國家安全的重要性；(B) 全民國防的意涵；(C) 全民國防理念的實踐經驗；(D) 全球與亞太區域安全情勢；(E) 我國國家安全情勢與機會；(F) 國防政策與國軍；(G) 軍備與國防科技；(H) 全民防衛動員的意義；(I) 災害防救與應變；(J) 射擊預習與實作；(K) 臺灣重要戰役與影響，共十一項學習主題。

（十）生活課程

生活課程在第一學習階段中實施，以兒童為學習的主體，不以學科知識系統分割兒童的生活經驗，主要啟發兒童積極正向的情感和態度，

奠定未來學習的基礎。課程的發展與設計從兒童的特性出發，在以「自然科學」、「社會」、「藝術」與「綜合活動」為主要範疇的統整課程中，培養學童生活課程核心素養，以及拓展學童對人、事、物的多面向意義。

　　生活課程設計以主題統整教學為模式，讓學童從生活學習中建構與發展相關的知識和能力，以培養涵蓋真、善、美元素的生活課程核心素養。學習重點見表 2-4，包括七個學習表現：(1) 悅納自己；(2) 探究事理；(3) 樂於學習；(4) 表達想法與創新實踐；(5) 美的感知與欣賞；(6) 表現合宜的行為與態度；(7) 與人合作；而學習內容主題包括：(A) 事物變化及生命成長現象的觀察與省思；(B) 環境之美的探索與愛護；(C) 生活事物特性的探究與創新應用；(D) 人際關係的建立與溝通合作；(E) 生活規範的實踐與省思，以及 (F) 自主學習策略的練習與覺察六大項。

（十一）技術型高中群科

　　技術型高中即以前指稱的高級職業學校，目前分為十五個群科，包括機械群、動力機械群、化工群、商業與管理群、電機與電子群、設計群、農業群、土木與建築群、藝術群、餐旅群、海事群、家政群、水產群、食品群、外語群，各群科均有其各自的領綱頒布。

（十二）特別類型教育

　　2007 年起，特殊教育課程大綱的修訂朝向與中小學普通教育課程接軌的模式規劃（教育部，2014）。為了建立十二年國民基本教育階段特殊教育課程實施的共同準則，確保特殊教育學生課程品質與受教權，教育部於 2019 年公布施行《十二年國民基本教育特殊教育課程實施規範》，實施對象包括身心障礙與資賦優異學生，基於融合教育與聯合國《身心障礙者權利公約》的理念，內容與各學習領域接軌，並依學生需要提供特殊需求領域課程（教育部，2019b）。

　　根據《十二年國民基本教育身心障礙相關之特殊需求領域課程綱要》（教育部，2019a），身心障礙教育之學習科目包括：(1) 生活管理；(2) 社會技巧；(3) 學習策略；(4) 職業教育；(5) 溝通訓練；(6) 點字；(7) 定向行動；(8) 功能性動作訓練；(9) 輔助科技應用，共九科。其學

〈表 2-4〉 自然科學等五個領綱之科目與學習重點

科目	自然科學	健康與體育	藝術	全民國防教育	生活課程
科目	生物、物理、化學、地球科學	健康教育／健康與護理、體育	音樂、視覺藝術／美術、表演藝術／藝術生活、多媒體音樂、基本設計、新媒體藝術		涵蓋範疇：自然科學、社會、藝術、綜合活動
學習表現	1 思考智能、2 問題解決、3 科學的態度與本質	1 認知、2 情意、3 技能、4 行為	1 表現、2 鑑賞、3 實踐	1 國防知識、2 對國防的正向態度、3 防衛技能	1 悅納自己、2 探究事理、3 樂於學習、4 表達想法與創新實踐、5 美的感知與欣賞、6 表現合宜的行為與態度、7 與人合作
學習內容	A 自然界的組成與特性、B 自然界的現象、規律及作用、C 自然界的永續發展	A 生長、發展與體適能、B 安全生活與運動防護、C 群體健康與運動參與、D 個人衛生與性教育、E 人、食物與健康消費、F 身心健康與疾病預防、G 挑戰類型運動、H 競爭類型運動、I 表現類型運動	A 表現、B 鑑賞、C 實踐	A 國家安全的重要性、B 全民國防的意涵、C 全民國防的實踐理念、D 全球與亞太區域安全情勢、E 我國國家安全政策與機會、F 國防政策與國軍、G 軍備與國防科技、H 全民防衛動員的意義、I 災害防救與實作、J 射擊預習與實作、K 臺灣重要戰役與影響	A 事物變化及生命成長、B 環境之美的探索與愛護、C 生活事物的探究與創新應用、D 人際關係的建立與溝通合作、E 生活規範的實踐與省思、F 自主學習策略的練習與覺察

a：「／」表示因階段有不同的科目名稱。

習內容採「簡化」、「減量」、「分解」、「替代」,以及「重整」的方式調整各教育階段之各領域／科目之學習重點,再根據調整過後之學習表現及學習內容,以課程與教材鬆綁的方式,安排學習節數／學分數與學習內容;而《十二年國民基本教育資賦優異相關之特殊需求領域課程綱要》(教育部,2019c),則指出資賦優異教育之學習科目包含:(1) 情意發展;(2) 領導才能;(3) 創造力;(4) 獨立研究,共四科。

三、跨域課程

在實際生活中所面臨的問題,不會只涵蓋單一個科目知識。為了提升學生素養,要學得的是能在生活情境中運用適當的知能去面對事件、解決問題,於是跨域課程成為必要的課程型態。「跨域」(across boundaries)有跨領域或跨區域的意思,在 108 課綱中所謂跨域指「跨越多重課程領域」的跨領域或跨學科(interdisciplinary 或 cross discipline)課程,STEAM 即是一種跨域課程的型態。跨領域教學並非新主張,在九年一貫課綱時已經實施,但在十二年國教課綱,其做法及政策更見完備及具體。

根據聯合國對良善治理的定義,主要內含包括:分享全球性的共識,並落實於政府實際政策執行;如要達成良善治理的成效與功能,需透過「跨域合作」勾勒明確願景,建立踏實與合作的知能文化來「解決問題」;運用大數據發掘跨域合作的議題,改變以個人為主的績效評核方式(彭淑珍,2020)。因此,十二年國教課綱規劃主題式課程,相關課程以同一個主題進行分科或分領域之規則後實施,教師必須協同教學共同設計課程,教師間以積極溝通、問題解決、推理、創意、橫向團隊合作等互動模式,以打破學科本位,養成學生具非特定學科的、跨學科的能力(transversal competencies)。實施跨域課程使學校得以發展特色帶動教學活化,在執行上有幾個重點做法(教育部,2014,總綱頁 11):

1. 進行跨領域課程整合、規劃分科任務及關聯統整教學,切實執行課程的設計與進行,不應趕課囫圇吞棗或各自為政隨便進行課程。
2. 教師要對談,教師應自發組成專業學習社群,完成溝通對話,共同探究、分享與交流教學實務。

3. 協同教學時，教師們有共識及願景，應對課程有適當明確的主張，以期待並規劃引導學生學習的方向。

第二節　108 課綱課程必選修架構

此節主要描述 108 課綱之課程架構，由於十二年國教課綱變化最大在高中教育階段，包括學習歷程檔案、核心素養考題、探究與實作課程等，影響大學入學考試的變革，但這些課程重點及課程型態也會在國中小教育階段實施。

108 課綱授課內容主要分為二大部分（教育部，2014，見表 2-5）：

一、部定課程

由教育部統一規劃，深植學生基本學力，奠定適性發展的基礎課程方向，包括語文、數學等八大領域課程。在國民小學及國民中學教育階段，大部分課程均為部定課程，以培養學生基本知能與均衡發展的「領域課程學習」為目標。高級中等學校之部定必修課程，主要在 10 年級教授，課程設計強化與國小、國中課程的連貫與統整。各領域可研訂跨科之統整型、探究型或實作型等主題的課程內容，可包含達成各領域基礎學習的「一般科目」，以及讓學生獲得職業性向發展的「專業科目」及「實習科目」。部定課程在不同學習階段間注重縱向連貫，不同領域間注重橫向統整。

二、校訂課程

由學校安排，提供跨領域、多元、生活化課程，主要在形塑學校願景，兼顧拔尖與扶弱，強化學生適性發展機會。各類課程規劃後，經由學校課發會審查通過，再呈報教育主管機關審核通過後實施（教育部，2014）。校訂必修課程係延伸各領域／科目之學習，用以強化學生知能整合與生活應用能力，在國民小學及國民中學為「彈性學習課程」。

在高級中等學校則為「校訂必修課程」及「選修課程」之多元選修。前者主要在發展學校特色課程，後者學生依興趣及能力，包括考量

〈表 2-5〉　各教育階段課程架構

學習階段	國小階段						國中階段			高中階段ᵃ（一般科目）		
	第一		第二		第三		第四			第五		
年級	一	二	三	四	五	六	七	八	九	十	十一	十二
部定課程（八大領域為主）ᵇ　語文	國語文		國語文		國語文		國語文			國語文		
	本土語文/臺灣手語/新住民語文		本土語文/臺灣手語/新住民語文		本土語文/臺灣手語/新住民語文		本土語文/臺灣手語			本土語文/臺灣手語		
			英語文		英語文		英語文			英語文		
										第二外國語文（選修）		
數學	數學		數學		數學		數學			數學		
社會科學	生活課程		社會		社會		社會			社會		
自然科學			自然科學		自然科學		自然科學			自然科學		
藝術			藝術		藝術		藝術			藝術		
綜合活動			綜合活動		綜合活動		綜合活動			綜合活動		
科技							科技			科技		
健康與體育	健康與體育		健康與體育		健康與體育		健康與體育			健康與體育		
										全民國防教育		
校訂課程　彈性學習　必修/選修/團體活動	彈性學習課程						彈性學習課程			必修課程、選修課程、多元表現（團體活動、彈性學習等）		

a：類型包括普通型高級中等學校、技術型高級中等學校、綜合型高級中等學校、單科型高級中等學校。此表中只列一般科目；其他高中階段定課程尚有專業科目及實習科目。

b：高中階段部定必修 118 學分，選修 62 學分；選修 62 學分。

升學政策後進行規劃，形式更為多元。部分選修課程綱要由領域課程綱要研修小組研訂，作為學校課程開設的參據。其內涵主要包括（見圖 2-3）：

1. 加深加廣選修：提供學生加深加廣學習課程，以滿足銜接不同進路大學院校教育之需要，主要在高二及高三授課。如果學生的目標科系偏向學術性領域，加深加廣課程便很重要。大學在審查入學資料時會期待看到學生喜歡什麼，並從學生學習軌跡看能力領域。

2. 選修課程：各校依照學生興趣、性向、能力與需求開設，可包括全民國防教育、通識性課程、跨領域／科目專題、實作（實驗）及探索體驗、大學預修課程或職涯試探等各類課程。

3. 多元表現選修：其他校訂課程可包括：(1) 團體活動時間，如班級活動、社團活動、學生自治活動、學生服務學習活動、週會或講座等；(2) 彈性學習時間：包含學生自主學習、選手培訓、充實（增廣）／補強性課程及學校特色活動。

《透視鏡》 各類型中學

綜合型高中	單科型高中	完全中學
兼具普通型高中及技術型高中（高職）特質。學生在高二才依學習狀況選擇高中升學目標（一般大學院校）、高職升學目標（科技大學、四技二專）、或就業目標。	採取特定學科領域為核心課程，提供學習性向明顯之學生發展潛能。如體育類（如臺東大學附屬體育高級中學、花蓮體育實驗高級中學）、藝術類（如新港藝術高級中學）、科學類（如新竹科學工業園區實驗高級中學、臺北麗山高級中學）、外國語文類（如桃園大園國際高級中學）等。對於較早有明確性向的學生，將有更大機會在其中適性揚才。	包括國中部及高中部之中學，其高中部部分名額並提供國中部學生直升。

　　前述彈性學習課程或時間實施相當多元，小學及國中的校訂選修課程以「彈性學習課程」進行，每週依教育學習階段安排 2-7 節不等（第一、第二、第三及第四學習階段分別為 2-4 節、3-6 節、4-7 節，以及 3-6 節），很多學校會安排自主學習課程，另外有的學校會設計微課程（microcourse）等；高中教育階段的「彈性學習時間」則屬於校訂選修中的多元表現，除了技術型高中每週安排 0-2 節外，其他型高中每週安排 2-3 節。彈性學習課程或時間由學校自行規劃辦理全校性、全年級或班群學習活動，提升學生學習興趣並鼓勵適性發展，落實學校本位及特色課程。不同年級的教學重點不同，分配的教學及活動時間有所差異。一般會依據學校屬性及學生特性，而安排課程類型如下：

1. 統整性主題／專題／議題探究課程：可以跨領域、跨科目，或結合各項議題強化知能整合與生活運用能力。如跨領域探究及自主學習，或由學校主導辦理例行性、獨創性活動或服務學習（《高級中等學校課程規劃及實施要點》，2018），發展學校特色帶動教學活化。

2. 社團活動：跨領域／科目相關的學習活動，與其他班級或全校學生共同上課，由學生依興趣及能力評估選修，如：班級活動、社團活動、學生自治會活動、學生服務學習活動，以及週會或各主題講座等。

3. 技藝課程：以促進手眼身心等感官統合、實際操作之課程為主，習得生活所需實用技能、培養勞動神聖精神、探索人與科技及工作世界的關係之課程為主。例如：可開設作物栽種、創意設計等課程，或開設與技術型高級中等學校各群科技能領域專業與實習科目銜接的技藝課程等，由學生依其個人興趣與性向自由選修。

4. 特殊需求領域課程：為特殊教育及特殊類型班級學生的學習需求安排課程，學生適性學習兼顧扶弱拔尖，其中學生包括：
   (1) 特殊教育學生：含身心障礙或資賦優異學生，其特殊學習需求經專業評估後，提供特殊需求領域課程。前者主要在補強學生在部定必修課程學習之不足，確保學生的基本學力成績。
   (2) 特殊類型班級學生：如含體育及藝術才能等特殊班級的學生，依學生專長及培育需求發展課程內涵及架構，提供專長領域課程。

5. 充實（增廣）教學：規劃多元學習活動或課程供學生依個人意願自由選擇，拓展學生學習面向，促進學生適性發展。

6. 補強性教學：教師依學生學習落差情形，規劃補強性教學活動或課程。

7. 跨校選修：可選修其他高中課程，或與大專校院合作開課，上課地點可能為大專校園或高中校園等。

8. 其他類課程：包括本土語文／臺灣手語／新住民語文、服務學習、戶外教育、班際或校際交流、自治活動、班級輔導、或教師培訓選手以代表學校參加競賽。

《透視鏡》　微課程

　　可能九週、六週、四週等為一梯次的微課程，其特色為教學期間較短、資源容量小、主題突出、內容少但具體。其形式相當多元，例如：工作坊、實作研習、演講或講座、參訪、模擬競賽等。

　　十二年國教課程因應核心素養主軸，微課程成為現今中小學流行的一種課程形式，期待學生藉由更多主題的接觸及多元選項有更多的生涯探索機會。而高等教育端也有多所學校推行，期待學生藉由更多元廣泛的管道獲取新時代知識。例如：中央大學 2020 年開設了四種微課程：單位創課、學生募課、企業捐課、其他自主學習等。

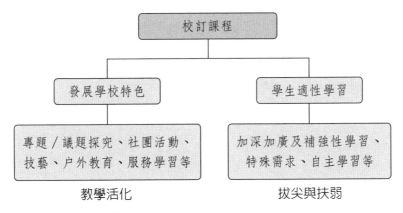

〈圖 2-3〉　校訂課程架構

《透視鏡》

第3章

國教課綱之教學知能

　　教學工作之所以專業，乃因為教師具有專業的教育知識，和未修習過教育學程的教學者，有其不同的教學高度與功力。所以，數學教育家不等同於數學家，是因為能將深厚的內容知識轉化（knowledge transformation）成有效的教學材料，以因應不同能力、背景的學生進行教學。「教育知識」包括學科內容知識、教學知識、課程知識、關於學習者及其特質的學習知識、關於教育脈絡的知識、關於教育目的、價值及其哲史背景的知識等（Shulman, 1986, p. 8，摘自林郡雯，2018）。這些知識也就成為教師是否能適任教學之指標，以及教師資格檢定的重要考試範疇。

　　與過去的教學工作模式一樣，很多教學論述均應該在國教課綱課程中施展。不同的是國教課綱特別強調每一位學生均是課堂中的主角，因此，教師能否因應學生不同特質與條件運用適當的教學理論，便是功夫所在。不同的教學內容與不同條件的學生需要不同的教學方法，方能有效提升學習效益，若一門課僅仰賴單一兩個教學方法與策略，恐無法滿足教學現場的多元需求。相信讀者在其他教育專業課程裡已經鑽研了許多教育、課程，或評量理論。本書不在理論論述上著墨太多，而是強調因應國教課綱的執行情境，靈活應用各種教學方法。本章擷取目前廣為教育學者所主張，在國教課綱課程中應思考的教學論述，以及幾個作者覺得需要在其中運用的論點，預期教師可依此思考更多教學理論應用的精神與技巧。

　　許多教育論述一直在教育場景中思考及應用著。例如：Bloom的論述在有教育理論以來即被認識，他將學習分為幾個層次：知識（knowledge）、理解（comprehension）、應用（application）、分

析（analysis）、綜合（synthesis）、評鑑（evaluation），知識及理解等低層次學習能力愈好的學生，愈能夠發展到高層次的學習能力。從國教課綱的精神來看，核心素養導向一直在討論將學生的學習目標訂在高層次的運用成果，希望教師能帶領學生往高的能力層次發展，讓學生的學習能內化為自己的能力，而得以整合應用知識。然而當知識不足時，何以達到高層次的能力運用？因此，本章在探討教育理論時，從低層次到高層次能力的教導均予以論述，而以「以學生為中心」、「運用問題技巧」、「傳授知識」、「協同教學與合作學習」、「學生學習策略」分節進行論述。教師對每一理論的技巧熟悉後，方能游刃有餘地應用於教學場域，進而成為具有教育素養之教師。

第一節　以學生為中心的教導

　　國教課綱課程強調以學生為中心，教學過程需因應學生需求決定授課的形式與內容，而不是教師一味地強加課程予學生。在時時關注學生的學習反應後，加以引導學習。以學生為中心的教導理論相當多，本節以 Vygotsky 的建構主義（constructivism），以及 Dewey 的生活經驗主義為主軸，思考如何以學生為中心進行教導。

一、以學生為中心之教導論述

（一）建構教學法

　　Vygotsky（1978）以人本主義觀點及認知發展理論出發，發展建構主義的理論，而提出建構教學（constructivist teaching）的論點，主張教學應以學生經驗為基礎，挑戰其既有的認知結構據以進行同化（assimilation）和調適（accommodation），使個人的認知達到平衡穩定的適應（adaptation）狀態。許多學生雖然能模仿解題或順利完成作業，但如果只靠死記、硬背，對於定理、概念卻一知半解將使學習無法遷移、類化，學到的效益也是短暫的、零碎的。相似的論點由 Piaget 和 Montessori 所提醒，他們反對對學生做直接的教導，而強調知識應

為個體主動建構而成。教師應提供社會支援，透過師生同儕的互動架構學習的鷹架（scaffolding），以誘發學生的潛能發展。建構主義指出，學習的本質乃人類生活中的一種活動，教學必須從生活事件中建立概念而增進生活能力（林怡君和鈕文英，2001；孟瑛如、周育廉、袁媛和吳東光，2001；黃幸美，2005）。在建構主義中強調學習者的主體作用，教師是學生學習過程中的發酵元素，從傳統傳遞知識的權威者轉變為學生學習的輔導者，是意義建構的提點者、促進者（facilitator），而不是知識的提供者和灌輸者（Cooper, 1993）。建構主義者關注教師如何以學生原有的經驗引導其建構新基模，以學生的心理結構和信念為基礎來建構知識（MBA 智庫百科，2017）：

1. 學習乃一積極主動的建構過程。學習者並非被動地接受外在訊息，而是根據先前認知結構，主動並有選擇性地知覺外在訊息，建構當前事物的意義。每個學習者對事物意義的建構存在獨特性。

2. 知識的建構並非隨心所欲。建構知識的過程中必須與他人磋商達成一致，並不斷地調整和修正。在這過程中，不可避免地會受到當時社會表徵或文化因素的影響。

3. 外在世界是客觀存在的，但是對於世界的理解和賦予意義卻由每個人自己詮釋而決定。由於每個人的經驗，以及對經驗的信念不同，因此對外部世界的理解迥異（Cooper, 1993）。

在教學時要理解學生是如何思考，其既有的能力條件如何，因此建構主義教學也同時強調語言的重要，認為人類藉語言進行思考，將外在行動轉化成語言符號，再於心理進行抽象運作，因而形成概念。

（二）生活經驗學習

Dewey（杜威，1859-1952）為美國哲學家及教育家，其教育思想及論述不僅影響美國進步主義教育運動，同時在全世界各國各時代都有著不同程度的影響。Dewey 主張教學應該建構學生的經驗，與人、自然、社會、心理等環境的可能元素作關聯性的探討，否則教導將失去其中真實的面貌。主張「經驗形成教育」（education by experience）及「有經驗的教育」（education of experience），認為經驗是人與

環境交互作用下的產物，經驗帶給學生的影響深刻且真實（Thorburn, 2020）。個體在其經驗中不斷地改造、重組與重建，一個歷程就是一次寶貴的學習。

教學若與生活脫節則難以建立概念，將導致學生學習困難，使學習歸學習、生活歸生活，其學習結果就沒有意義，無法學以致用。以數學學習為例，Cegelka 和 Berdine（1995）強調數學教學的主要目的是將數學的概念及運算應用到日常生活中。教師由於擁有成熟的經驗及專業的教學能力，得以因應學生身心發展的條件，引導個人經驗與社會生活事件連結而後成長。引導學生不斷地透過經驗重組與改造，培養學生具備獨立思考、明智判斷的能力，以及包容異己、相互尊重的態度。

Dewey 以「遇到疑難、界定問題、提出假設、引出結果，以及求證結果」作為有效思考的歷程，強調知識必須有驗證為基礎，否則便難以稱之為知識。在教育的各項活動中，如果以書本為知識學習的來源，將無法具有恆久有意義的學習。學生必須從現實社會和生活經驗中，學得利用經驗與解決問題的能力。當教學考量學生的體認、準備度才有意義，也才有機會成為學生真實學到的知識（Obelleiro, 2020; Thorburn, 2020）。學校將現實的社會、生活經驗加以簡化、設計，成為學習的環境及教育的素材。

二、以學生為中心之教導在國教課綱之思考

過去教師長期習慣於根據教科書授課，為了授課進度，教學偏重學生能否學到指定進度與成功解題。教師在課程中如果只教授現成的知識，替學生鋪設思考的過程與速度，將使得學生難以具有獨立的思考力與創造力，這正是此波國教課綱企圖改革的重點——去除填鴨式的學習模式，提升學生的學習力。為此，則學生能否自主學習，便是教師需要關注培育的。國教課綱為核心素養導向的課程模式，課程必須思考學生是否可以學到在生活中用得到、會用，並且願意用的經驗知識，這些便需要顧及學生本身的條件與需求。這樣的訴求使得教師在課程設計時，得時時思考建構主義及生活經驗主義的提點。

建構主義強調生活運用、語言能力、以學生為中心，這些均是國教課綱的教育主軸。在學生學習的歷程中，必須了解學生的學習狀況、診

斷學生的學習問題，然後才有機會為學生設計適當的「鷹架」，透過同化或調適既有認知，以學生生活經驗為基礎，引導他朝正確且適性的方向進一步學習。Dewey 在教育方法上，強調「做中學」（learning by doing），以動態的、活動的、問題解決的教學方式，以達有效學習。國教課綱即不斷地以活動帶動學習，帶領學生探究生活訊息。這些論點都在以學生為中心，關注取得生活中教學的素材、關注學生個人的活動經驗，使其學習成果得以在生活中應用。國教課綱強調學生真正需要的，不在知識本身，更在發展自己尋求知識的方法。因此，在教學模式中特別著重學生以生活經驗去累積知識，以便內化為自己長久的能力，將來會用的知識，且能用得上、用得好。

（一）主要科目與主題

　　國教課綱中各領域課程都需要掌握學生的既有條件，在議題教育、探究與實作，以及自主學習的課題，都需要以學生為中心的教育模式進行課程。學生具有任何想要探究的主題，均可在掌握其學習動機下設計課程進行引導。例如：學生生活中遇到困難、出現好奇心等，都可以抓緊機會，與學生討論後，成為彈性課程中探究課程或議題教育的主題。如果學生沒有主動想學習的主題，則可考量學生的生活經驗及個人條件後，配合學校本位課程所規劃的議題引導學生探討，或可依時事設計課程的主題。

（二）教學理念與策略

　　在建構教學法及 Dewey 的生活經驗學習論述中，教師的角色為學生的學習支援者，其教學應注意下列幾點：

1. 有計畫的生活經驗環境是為學校：教育能傳遞前人積累的經驗及訊息，以提升個人生活和適應社會的能力。個人在社會生活中擴大經驗、養成道德，以及習得知識的技能，就是教育。為了建立教育的場域，於是經過簡化、淨化後，產生了社會雛形的教育環境，是為「學校」。學校的任務不應該把學生從生活經驗活絡的學習環境轉移到死記硬背的學習環境，而是應該協助學生從過去活動中偶然出

現的學習機會，經過有結構的設計轉移到高學習指導的活動環境（張訓譯，2019）。為此，國教課綱雖然強調課程以學生為中心，希望以學生的生活經驗為學習的材料，但若未有結構地規劃，將使學習的目標太隨性鬆散。於是，教育部編制頒布課程綱要，訂定每一個科目的學習重點，乃希望教師可以有教學設計的主軸，據此編制教材，引導學生有更緊湊而非散漫雜亂的學習機會。

2. 教育即改造：每一位學生在學習過程是持續不斷地進行改造、重組和重建。只要一個活動具有教育的作用，它就達到教育目的。無論學生的條件為何，任何一個階段生活的主要任務就是使生活得以豐富，生活自身因而具有意義（張訓譯，2019）。國教課綱強調評量學生既有的能力而後設計課程，即希望教師能設計出促使學生「改造、重組、重建」其既有知能的學習機會，並以活動為重要教學方式，引導學生活化學習。例如：在「學校特色課程」中，看似以學校角度設計課程，但如果是以學生經驗與條件出發去發展他的「改造、重組、重建」知能歷程，那就是教育，此學習歷程便是有意義且能長久的。

3. 教師為學生學習的引導者：教師在學習的團體中是屬於成熟且具有引導技巧的專家，因為擁有豐富的知識視野，能滿足學生的強烈好奇心與求知慾，並且有教學方法，包含測驗與評量、教育心理學和課程論述等，所以知道如何以學生為中心，為他鋪設學習的軌道。教師的任務在設計如何引導學生產生學習動機，並能評估學生的學習需求，以便在學習過程中當一位稱職的領導者。教師在教導過程中若有不熟悉的部分，即刻查驗相關知能，如果教師知識不足，又不能適當引導學生求解，學生的學習時機將被終止，教師便抹煞學生學習成長的機會。

4. 掌握學生學習動機：引導學生將學習主題與生活事件充分結合，藉著具體事物、生活情境，促使學生體認學習的意義，提升學習的興趣，讓學生建立深刻且長久的概念（黃幸美，2005），建構主義指出如此才能為學生架構鷹架。學生在國教課程中，是主動的探索者，以學生為本位進行輔導，培養學生有效運用知能並具有解決實際問題的態度與能力。

5. 評估學生生活的意義訊息及學習特質：Dewey 主張教學過程必須顧及學生的能力與興趣，因材施教，帶領學生將生活經驗結合學習，才是教育，否則教育仍然是盲目且填鴨式教學。因此，善用評量工具以了解學生的個別差異與需求，便是教學重要的技巧。

6. 引導生活中的問題情境進入課程：引導學生查驗知識概念在日常生活情境的可運用性與功能。教育過程是學生為了未來生活而準備，也要引導學生在學習過程中探索未來職業。無論是什麼階段的教育，教師的職責就在於啟發學生的特質與專長，朝著他的夢想邁進。國教課綱不編教科書而編制課綱，使課程有更多機會依學生的生活經驗選取教材、設計課程。

7. 探究與實作課程目標設定：Dewey 強調由做中學，國教課綱實施探究與實作課程時，教師要評估學生可以從中學到什麼知識或能力，否則空有一個作品，學習仍少了該有的意義。教師設計教學活動，讓學生能理解與認知教材知識，習得帶得走的能力。

（三）學生條件與學習

學生藉由習得概念並應用，知識與能力因而逐步提升。

1. 由生活體驗概念：學生體驗與概念連結的生活情境，培養能以知識或學理觀點考察周遭事物的習慣，以及觀察問題中的意涵、特性與關係。若遇到有興趣探究的主題，可成為課程中的學習課題，試著求解，進行完整的探究。

2. 同化與調適：學生思考自己與他人的學習觀點與解題策略差異，從中更堅固地建立概念。例如：在化學實驗過程中，思考實作歷程以便賦予化學符號意義，即進行「同化」；在學習中發現自己學習的問題所在，重新調整錯誤觀念進行合理的操作，即進行「調適」。

3. 學習方法：從教師的教導和個人的實作探究中學到學習知識的方法，以便未來在生活中適時運用。

《透視鏡》 愛因斯坦（A. Einstein）格言

愛因斯坦：「將課堂上所學的東西完全忘記之後，剩下的才是真正的教育。」（Education is what remains after one has forgotten everything he learned in school.）

第二節 運用問題技巧的教導

一般問題可以分為幾種類型：一為結構性問題（well-structured problem），經由程序性的思維歷程（algorithmic thinking）進行推論，即可求得答案的問題，且答案常有明確的正確或不正確之分。數理教科書上所呈現的問題多是結構性的問題；二為無結構性問題（ill-structured problem），這些問題的情境因素不明，不易找出其中的線索，解決此類問題常無固定程序可循，解答的思路及答案往往很開放。無結構性問題在日常生活中很常見，例如：如何培育學生成為一位有素養的公民？三為爭論性議題（controversial issue），此類問題既缺乏固定結構，又易於使人陷入憤怒、懷疑、得意等情緒的立場。例如：美國總統競選，「川普（Trump）明明民調很高，為什麼會落選？」這樣的問題常常在有明確政治立場的人會更關注，也常常在其心中有期待的結果。

問題解決，是指個體面對問題情境時，綜合運用知識技能，以期達到解決目的的思維活動，其過程包括問題解決的計畫及執行行為，常常經歷嘗試錯誤（try and error）的歷程（張春興，1996；Hutchinson, 1993）。東方教學文化常以教師為主導進行課程，以至於教室中的學生多為被動地吸收課程知識，學生在教室也不習慣發問，限縮了對課程的參與和理解。引發學生思考才是有效的教學，如果教師一直講述，難以確認學生是否能適當且正確地思考。運用問題的課程設計，可以藉以了解學生的思考脈絡，並可引導學生適當且充分地思考，讓學生在學習

過程有最佳的吸收。

蓋聶（Gagné）提出學習層次（hierarchy of learning），將學習工作及教學目標分成幾個層次：(1) 訊息學習（signal learning）；(2) 刺激－反應連結的學習（stimulus-response learning）；(3) 連鎖學習（chaining learning）；(4) 語文聯想學習（verbal association learning）；(5) 多重識別學習（multiple-discrimination learning）；(6) 概念學習（conception learning）；(7) 原理學習（principle learning）；(8) 問題解決學習（problem-solving learning）。這八種學習中，低層次學習為高層次學習的基礎條件（林萬義，2000；Gagné, 1985）。如果學生具有問題解決能力，意味著他已具有一定的知識能力，且促進知識的吸收可藉由提問來協助。因此，提問在教學中具有評估與教學的功能，是教師重要的教學技巧。本節以問題解決策略（problem solving strategies）、問題導向學習（problem-based learning, PBL）、焦點討論法（focused conversation method）、蘇格拉底反詰法（Socratic debate, Socratic dialogue）等，描述如何藉由問題與學生互動，發生學習效益。這些論點有的在培養學生解決問題的能力，有的在引導學生思考，前者主要包括問題解決策略，後者包括焦點討論法及反詰法等。

一、運用問題技巧教導之教學論述

（一）問題解決策略

為了從問題的原始狀態轉化為目標學習，引導學生採取一系列認知操作的過程，即為問題解決的教導。問題解決策略是在解決問題的過程中，搜索問題空間、選擇認知操作方式、運用策略解答的歷程。

十九世紀初，行為主義盛行，教育強調機械式能力的培養，但是學習效益受到質疑，因而思考如何教導學生問題解決策略。1960 年代以後，由於認知心理學的興起，重視數學解題的教學活動，教育界開始探討問題解決的議題。Gagné 於 1985 年指出，教給學生在科學課程上的問題解決能力，是科學教育的主要目標之一。問題解決策略並受到 Dewey 驗證觀點的影響而被系統化地討論，在教學上廣泛應用經過驗

證的科學原則（Kolb & Stuart, 2005）。

Kolb 和 Stuart（2005）指出問題解決可分為五個步驟：確定問題、分析問題意義及性質、試探所有可能的解決方法、找出可能最佳的解決方法、執行解決方案及驗證。問題解決的教學模式步驟為：(1) 提供問題解決的知識和實例；(2) 介紹主題活動並引起動機；(3) 提供學生練習機會並適時給予回饋；(4) 綜合發表：分享創作與問題解決歷程之策略（摘自林鳳儀，2016）。運用問題解決策略的解決問題歷程教導，很適合運用在數學、科學等學科的解題上。

（二）問題導向學習（PBL）

問題導向學習認為學習來自解決問題的過程，因此，將問題在學習開始前就先提出，可以使學生更有目標地學習（陳麗如和孟瑛如，2019）。PBL 為教學中常見的教學策略，係以學生為中心，並利用問題來引發學生討論，透過教師決定教學目標與進行問題的引導，來培養學生思考、批判與問題解決能力，有效提升學生自主學習的動機，並進行目標問題的知識建構、分享與整合。

傳統教學方式是教師在課程結束後提出問題，此時的主要目的在評核學生的學習成效。PBL 在課程一開始時就讓學生先閱讀問題，問題可以是一個情境（scenario）、個案、挑戰、難題或困境，或是其他能激發學習動機的因子。如今，在教學上廣泛地運用 PBL 對於學習科學、數學、資訊等各領域的問題解題技巧（Chamidy, Degeng, & Ulfa, 2020; Valdez1 & Bungihan, 2019）。Barrett（2010）指出，在 PBL 中所提出的問題應該具備下列幾個特質：(1) 能夠激發學生探索問題的動機，以便為學習做最佳的準備；(2) 是專業領域、社會生活等真實世界存在的問題，以便能學以致用；(3) 有機會嘗試各種意見、假設，並能夠持續地討論的問題；(4) 包含多種面向的，從物理的、認知的、社會的、情感的到道德面向的問題；(5) 以可合作的學習型態進行課程；(6) 能夠使學生習得重要概念，或是能夠獲得實踐；(7) 能夠提升學生能力層次，例如：批判性思考、ICT 能力、創造性的問題解決能力等。

PBL 將焦點放在學生的學習，而非教師的教學方法上，教師在討

論過程中扮演引導者的角色，並不積極介入學生討論的過程當中，相當重視學生的學習動機，因此很能發揮國教課綱中的自主學習精神。

（三）焦點討論法

焦點討論法或稱 ORID 法，在課程中教師以示範、理論介紹、小組討論與回饋分享，促進團體成員參與學習。ORID 分別代表四個對問題思考的向度，或說是步驟：

1. 客觀事實（objective）層次：學生透過感官所接收到的外在現實訊息。
2. 內在反映（reflective）層次：學生對所接收到事物訊息的內在反應。
3. 詮釋（interpretive）層次：學生對感官和反應的意義，以及重要性的理解。
4. 決定（decisional）層次：學生經過前述事物理解後進行決定。

以上的每個步驟，都不斷地以問題引導學生更清楚地思索主題的意涵。ORID 很適合各種能力層次的開放性問題，學生透過指引一一針對這四個部分進行思索，可以全面地發現新的訊息。例如：在議題中，教師以一個近期新聞常討論的社會事件「拒導盲犬入餐廳，店家挨罵」為主題，設計「人權」議題教育課程，對學生做如下引導：(1) 全盤式地掃描後，把看到、聽到、想到的部分說出來（O）；(2) 思考自己的想法和感受，例如：覺得有趣、氣憤、怪異，或是各種想法及感覺（R）；(3) 藉由提問進行更多的思考，可以獲得更多或更深入的觀點（I），如認識《身心障礙者權益保障法》相關精神；(4) 從眾多想法萃取出結論，例如：打算怎麼做、提出進一步的做法，可拋出結論式問題或提出一句話當作結論（D）。學生若能學到這些思考模式，未來在面對生活中的議題時，便有機會全面思考問題。

（四）蘇格拉底反詰法

蘇格拉底（Socratic）是西方著名的哲學家，蘇格拉底的母親是位產婆，受到母親工作的啟發，他認為在教導學生概念或知識時，若直接告訴他答案，則其學習效果有限，有時候甚至遭到對談者反抗辯駁。

蘇格拉底反詰法擅用提問來引導對方深入論點，藉由提問有步驟地引導學生思考，使學生自行領悟錯誤觀點所在，即產婆術（The midwife technique），其歷程包括：

1. 諷刺（irony）：教師引導學生發現自己認知中的矛盾，意識到自己思想的混亂，懷疑自己原有的認知，迫使積極思索，尋求問題的答案。在對話時，教師裝作自己什麼也不懂，向學生請教，請學生發表意見。
2. 催生（spawn）：啟發、引導學生發現自己認知訊息的混亂而否定原有的認知後，引導他修正認知的方向，使學生思考後得出結論。
3. 歸納和定義（defined）：學生經過深思後逐步掌握明確的訊息，形成概念。

二、運用問題技巧教導在國教課綱之思考

　　除了課業上「人造」的問題外，更多時候問題會出現在生活上。不管是學科問題或生活情境問題，教師若能因應課程的性質，善用問題技巧策略進行教學，將提升學生學習及生活適應能力。

　　教導學生提升其問題解決能力的議題，有許多不同的觀點。Gagné（1985）指出有兩種相對的問題解決指導策略，其中之一認為應教導學生一般的問題解決策略。這是假設在一般的科學課程中，教導學生對各種問題形成假設和設計驗證假設的策略技巧，例如：國教課綱「探究與實作」及「議題教育」課程便是不斷地以這種模式進行，是實踐國教中「帶得走的能力」的課程目標。國教課綱課程中「創客」（maker）的概念，就是希望學生能具有以問題為思考的起點去完成作品，達到學習成果；另一個方向是教學生組織性的知識，使學生在未來面對該知識問題再出現時，可以順利解答問題。例如：各課程領綱中，教師可不斷地對學生提出問題，而後帶領學生解題。據此，教導知識是重要的任務，問題解決策略的教導則未必是教學中的重要課題。就國教課綱的課程，顯然這兩種方向的策略教學都不可忽略。

《透視鏡》　創客（Maker）

又譯作「自造者」。「創客精神」倡議從「想」到「做」的實踐，因為「想像」是創意的來源，「實踐」則使創新成為可能。創客運動（maker movement）從校園發起，是一群酷愛科技、熱衷實踐的人，以分享創客技術、交流思想為樂。以創客為主體的社群，成就了創客文化。

　　許多學生常因未能發展出有效的認知處理過程，而影響問題解決的能力（Cawley & Vitello, 1972）。另外，國教課綱強調從生活中取材而成為素養導向教學，以及素養導向考題，以至於培育學生從日常生活中不斷地思考問題成為教師在課程中的重要任務。本節前述理論中所應用的問題技巧，在國教課綱中都是很好的教學策略，並且，除了問題解決策略外，都很適合與前節中「以學生為中心的教導模式」充分結合。在社會知覺生活情境議題的訓練，可以用故事性的方式，引導學生在面對問題、面臨抉擇、實踐學習，以及獲取經驗的問題解決歷程中成長（計惠卿和張杏妃，2001）。而問題解決策略，是由低層次知能提升為高層次知能的發展歷程，適合藉由提問與下節「傳授知識的教導」的課程目標結合。

（一）主要科目與主題

　　問題技巧的教學，在各種課程中都很適合，包括各「領域課程」的概念知識教導、「探究與實作」歷程、「科學實驗」實驗程序，以及「議題教育」非結構性問題的討論等。在運用問題技巧時，首先要了解所要教導的課程、主題性質及目的，而後確定問題是在解決結構性的知識，或非結構性的思考議題，然後再選擇方法，依該方法步驟進行問題技巧運用。

（二）教學理念與策略

1. 問題的發現訓練：訓練學生從學習的課程或生活事件中，發現或界定問題的技巧，未來對生活中的問題才能有一定的敏銳度。

2. 思考流暢度訓練：當學生思考較封閉時，藉由問題引導學生反覆思考，可刺激其思考問題的流暢度。例如：安排學生先蒐集資料的作業後，再進行問題引導，可運用 ORID 或反詰法提問。

3. 問題策略的教導：當學生不知如何解決問題時，教師教導問題策略的意義及技巧，包括教導解題中問題的掌握與具體陳述問題的技巧、可以 ORID 訓練學生運用技巧思考問題，或以問題解決策略解決結構性的問題。例如：「探究與實作」在提出問題時，先針對學生理解問題的程度做適度說明，再引導學生將先備知識與問題情境結合。

4. 呈現示範：在問題策略運用過程中，教師是學生進行問題解決的重要楷模（Kolb & Stuart, 2005）。教師對於問題策略運用要十分了解，教導學生運用策略的技巧，並利用示範讓學生習得其中技巧，或學生因為仿效而擴展對事件的思考廣度。

5. 評估學生解題過程：當學生對於結構性的問題不能順利解決時，可能是因為不能正確判斷問題、不知道解決問題的方法、堅持度不夠，或者缺乏適當的策略（Montague & Applegate, 2000）。問題解決策略，是將習得的規則做一延伸，學生必須結合先前所學到的規則，應用到新的問題情境中，使學生最終可以獨立解題（Bigge, 1982）。因此，問題解決策略訓練結束之前，教師透過學生解題過程的口述說明，確定學生對解決該問題所需要的各個原則已經了解，並訓練其注意問題中部分及與整體之間的關係，以及答案的正確性。

6. 學生解答的處理：教師對於學生正確的表現給予鼓勵，對於錯誤之處運用反詰法給予暗示，而不是直接給予答案，以刺激學生更多的思考。問題經由學生解答之後，教師引導學生在團體中分享解題策略及認知標準答案，教師並在適當的時機對學生做更多的推論引導（Cegelka & Berdine, 1995）。

7. 問題引導學生掌握重點：可以先依 PBL 呈現問題引導學生思考，再

講授課程內容或讓學生去搜尋答案（Chamidy et al., 2020）。也可以運用 ORID 在課程中請學生「說說重點」、「說說重點的細節」，或其他藉由判斷真假、事實或虛構、偏見、關係等的問題引導學生思考。在翻轉教室課堂中也常以 PBL 指定學生事先自習，讓課程重點更清楚。

（三）學生學習

1. 適用教學對象：解題有困難的學生，在思考問題而不知從哪一項著手時，教師可以問題解決策略教導。例如：教師指出問題，然後讓學生以自己的話敘述問題，而後發展問題的處理策略（Cegelka & Berdine, 1995）。但對能力較低下的學生，較不適合教導非結構性問題的技巧運用，他們可能在界定或理解問題上有較大的限制，需要運用比較具體的指導詞句。

2. 學得解題策略：學生學得問題解決策略的技巧，包括步驟、反覆練習、擴散式思考，並應用在解題上。例如：利用關鍵字找出數學的應用問題，習得並養成習慣檢討自己的解題狀況，並實施偵錯，或自行運用 PBL 或 ORID 的問題思考過程認識問題，培養發散和收斂的思考過程。

3. 進行解題：學生對於結構性的問題以有程序、有系統，且明確的過程進行解題，未來並可推論到複雜問題的解答上（Bryant, Bryant, & Hammill, 2000）。

4. 增加思考廣度：依教師的引導思考問題後充分回應，並從觀察同學的回應中增加對問題及答案思考的廣度。

第三節　傳授知識的教導

有關教師教學與學生學習成就的教育論點上，有兩個不同的取向。一為本章第一節所描述的主張：以學生為中心的教學，教師順著學生的興趣及表現發展課程，學生依照自己的興趣選擇所要的探究活動及學習，教師只是促進學習的引導者；相對地，是主張以教師為中心，由

教師規劃課程，將技能及知識有結構地直接教給學生，認為如此才能夠快速有效地將知識傳遞予學生。沒有知識為基礎，則無法有高層次的統整、分析、批判等能力，因此，教導學生有效地吸收知識，成為重要的教學技能。常見的以教師為中心的方法，包括直接教學法（direct instruction, DI）、編序教學法（programmed instruction, PI），以及精熟學習法（mastery learning），都是以行為主義（behaviorism）為根基進行的課程。另外，啟發式教學法（heuristic instruction）則是善用問題有結構地引導學生學習，也是偏向以教師為中心地進行課程。

一、傳授知識之教學論述

（一）啟發式教學法

　　啟發式教學法常運用問題技巧教導，是 R. W. Howe 所提倡，他認為啟發是一種想法、策略或步驟，用以幫助解決問題、探究活動，以及完成學習。啟發式教學法是以學生的經驗為基礎，由教師提出問題，使他們思考後去解決、分析、批評、判斷和歸納，因而可以觸類旁通、舉一反三。學生的經驗因為課程或教師的引導而擴張，思想更為靈活（Veselinov & Nikolic, 2015）。啟發式教學教導學生如何應用這些想法、策略及步驟，進而引導學生仿效運用這些想法、策略或步驟，去有效地解決問題。缺乏適當的啟發訓練時，學生在探究活動和概念學習較難內化成自己的思考。啟發式教學有助學生處理學習上的困難，以及解決問題，並協助他們在生活情境中，能適切運用啟發式教學法的策略自行設定問題、思考學習（國家教育研究院，2000a）。海爾巴特（J. F. Herbart）反對學生單純記憶零碎的知識，而認為教學過程應循一定的脈絡，以啟發學生學習，他提出啟發式教學法的四段教學歷程：

1. 明瞭（clearness）：教師帶領學生了解將要學習的內容與主題，以為學習做最佳的準備。
2. 聯想（association）：教師喚起學生相關的舊經驗知識，使新教材和舊經驗發生連結，將既有知能進行類化。
3. 系統（system）：學生了解新教材與經驗間的關係，並能習得新的原

則或概念，以便可以更深入學習的新教材。

4. 方法（method）：使獲得的經驗知識內化，並在未來可以應用。

　　Calucag（2016）運用啟發式教學法中的問題引導學生學習代數，使學生很快地知道問題的性質，藉此習得相關概念，進而學到解題的技巧。啟發式教學法步驟明確，有助於學生在其中有結構地吸收知能，包括：(1) 清楚分明，便於按部就班，循序進行教學；(2) 重視學生思想與啟發，有利於養成學生有系統的思考習慣；(3) 由教師準備教學內容與教材，有計畫性地準備，避免遺漏重要課程重點；(4) 經過歸納演繹的過程，有益於學生了解進階的知識或原理原則；(5) 有結構、有計畫地指導，減少學生摸索的心力與時間。

　　但是啟發式教學也有一些被批評的地方，包括：(1) 以教師為中心，學生處於被動地位，不易養成自動自發的學習態度；(2) 以教材為中心，忽略學生的個別興趣和需要；(3) 教學步驟固定，缺乏彈性；(4) 注重「教師如何教學」，而忽略如何指導學生學習的能力與技巧。

（二）直接教學法

　　直接教學法，也稱為明確教學法（explicit teaching）（林美玲，2003），課程模式的論述源自於 1960 年代中期，Bereiter 和 Engelmann 根據行為分析理論（behavior analysis theory）發展其學習論點（盧明、柯秋雪、曾淑賢和林秀錦，2020）。DI 是以教師為導向的教學，認為教師須為學生的學習成就負所有的責任，學生的學習成就若不理想，乃因為教師的教學能力不良（楊坤堂，1999；Lerner, 2000），例如：未能適切分析與呈現教材、未能對學生的學習狀況進行診斷分析、未擁有良好的知能與教學技術、未有清晰吸引學生的講課語調、未布置能與課程連結的教室情境，以及未適時進行補救教學等。因此，只有不會教的教師，沒有不會學的學生。即使現今教育強調以學生為中心，至今這樣的論述並未消弭。

　　直接教學法認為教學的主體是教師，教師以講授方式為主控制教學進度，清楚地確定學生每堂課的學習目標，直接針對學科內容教學，有

結構地嚴謹執行，清楚且具體地傳遞課程重點，教學的過程是讓學生了解學習內容並精熟學習。教師運用多元評量對學生進行學習評估，引導學生說出思考歷程，同時檢視自己的教學歷程，例如：是否誤解學生的認知，或是否援引不當的教學例子（朱建正，2000），以免導致學生形成錯誤的概念。

（三）編序教學法

　　編序教學法源自於 1920 年代 S. L. Pressey 發明自我測驗教學機（automatic testing machine）之後，所形成的教導模式。在學習者進行測驗時，若答對試題則出現下一個題目，給予學習者立即回饋的學習機制（McDonald, Yanchar, & Osguthorpe, 2005）。1950 年代，行為學派學者 B. F. Skinner 發展直線式編序教材，同樣利用教學機引導學習者學習，以操作制約的增強原理促使學生對教材自動反應。1960年代 P. R. Wendt 等人進一步發明分支式教學法，測驗內容因受試者反應的不同而異，測驗的項目是學習與診斷的資料，使得測驗開始強化適性的功能，也因而發展了編序教學法的論述（Moore & Bedient, 2000）。編序教學法，是將學生一連串的個別反應與個別刺激建立緊密的連結，成為一套有系統的學習過程。將教材、教法、學習與評量融入其中，以滿足學生個別化的學習需求（陳蒂勻，2002）。

　　教學是連續漸進的，前面的反應正確，後面的反應正確率便提高，當教師一直持續教不同的新知識時，若學生對舊知識尚未熟練，就會造成知識和知識之間存在漏洞，則無法循序漸進至較深的學習（盧台華和王瓊珠譯，1999），因此，設計易難分明的教學層次，成為教師必備的能力。教師對於教材若能具有編序教學的分析能力，就能夠針對同一課堂上的學生進行個別診斷，也才能進行差異教學及補救教學，可避免學生學習的挫敗而降低學習動機，或減少學習問題累積過多而使學習更為艱難。在一般的教學中，學生在同一速度下學習，使部分學生形成「太快」或「太慢」的學習限制。編序教學法依照學生的能力提供個別學習內容與速度，可以充分掌握個別化教學。然而編序教材的編制相當繁瑣，而且並非所有的科目都能編成難易層次的課程內容，例如：生物科的標本製作流程，只能做前後步驟的分析而非難易層次的區分。而

且學生學習速度具有個別差異，若班上能力程度分布層次廣，卻要全面顧及每個學生的差異，則難以做到有效的編序教學。

（四）精熟學習法

　　精熟學習法同樣是以 Skinner 行為學派操作制約原理為基礎的學習理論，1960 年代由幾位學者提出有系統的觀點，如 Bloom、Morrison 等。精熟學習主張每位學生都有學習能力，所不同的只是花費時間多寡而已（Lee & Kahnweiler, 2000）。Bloom 在 1968 年提出「精熟學習」，教師依事先訂定的標準安排學習活動（Lee & Kahnweiler, 2000），以學生要達成的學習目標為精熟的標準。先將一學年或一學期的教材分為許多小單元，每一單元教學時間約一至二週，教學之後以測驗了解學生熟練程度（Boggs, Shore, & Shore, 2004; Lee & Kahnweiler, 2000），並依測驗結果修正教學，或安排補救教學，每一個單元目標精熟後，才進入次一個學習單元。

　　對於學習不佳的學習困難學生，常利用精熟學習以確保學生達成目標，但也因此可能需要較多的學習時間，而為使此單元精熟而延誤接下來的進度，使得學習效率較差的學生常常一直在趕進度，則整體而言仍是落後的學生。因此，對於學生的整體學習內容仍要經過評估後適當規劃。

二、傳授知識教導在國教課綱之思考

　　教師是具有較多知能的成熟個體，以教師為中心的教導歷來多用於各學科之教學，它具有節省人力及設備、快速、結構嚴密，以及方便等教學優點。九年一貫課綱以前的課程模式較偏向以教師為中心，教科書的編輯引導教師呈現系統化的教學，因此教師在傳授知識時能讓學生快速地吸收，然而科學不只是既存事實的陳述與背誦，不能只是讀出來的，學習需要養成能力去發掘更多事實。然而師生缺少互動，學生的學習大多停留在被動的接收層次，只是記憶性零碎知識的堆疊，對於複雜概念的學習容易流於「講光抄」、「背多分」的現象，不易達到長期的效益（林鳳儀，2016）。以教師為中心的課程模式被評為是填鴨式的教學形式，對於組織較為擴散和創作等高層次思考的學習內容並不適

合，難引導學生具有學習素養。

　　國教課綱，因為焦點在其他論點如「以學生為中心」、「生活經驗學習」、「帶得走的能力」等，在國教課綱素養導向課程精神下，「以教師為中心的教學」聲量大幅減少，容易忽略直接教學法等以知識為導向教學的重要性。然而，仍有不少學者主張為了有效率地教導，應該以直接教學法為主要教法，他們認為這種多以言語作事實講述，更能精準地解釋知識，比過去在歐美國家一直強調讓學生操作實驗、反覆摸索達到學習目標中的理論及結果，更直接、更有效。由卡耐基美隆大學（Carnegie Mellon University）及匹茲堡大學（University of Pittsburgh）合作的一項研究結果，更為此理論背書。他們在 2004 年全美科學高峰會議中發表一份研究報告，顯示受教於以直接教學法為主的學生，其設計實驗的能力普遍高於另一組探究學習法（discovery learning）的學生，更具實驗必需的推理能力與技巧。尤其受到美國在《沒有落後孩子法案》的推波助瀾下，美國近年仍有許多學者主張以直接教學法為主要教法。直接教學法倡導者說明並非全然否認實驗或操作的教學安排，而是認為必須以講授為主，他們在「全美直接教學法學會」（National Institute for Direct Instruction）以直接教學法論述，企圖帶領教學者積極地拓展學生的學習效益（周立平，2005）。此觀點在國教課綱下仍是無法忽略的，在某些課程中仍很依賴將課程重點配合結構化的教學流程及時間表，很明確地將知識傳授給學生。尤其，適用於學習內容明確、清楚、有系統的學科重點，例如：各領域課程的知識學習。在操作課程中有時候也會希望藉由直接教學法講授重要概念，以使課程的效益提高（Hiranyachattada & Kusirirat, 2020）。

　　作者認為有兩類學生適合以直接教學法等教師為中心的型態進行主要指導方式，一為知識學習力強的學生，稍微提點他就能快速地、深入地應用到生活環境。這類學生如果繞個彎再從中引導，對他而言可說是浪費時間，不如直接教導他知識的內涵及應用的範疇，其知識累積將更快速，他自己會去融會貫通推廣應用。這也是一直以來，不管教育改革者抨擊教育制度多麼糟糕，每一個世代仍有相當傑出的知識吸收及應用者；另一類學生是學習上較為緩慢的學生，如果教師繞個彎等他提問、引導他學習，或者等待他思考問題，將嚴重影響學習進度，而使學生還

是不能截取其中重要的概念訊息，或者誤會了課程背後的意涵，甚至把錯誤的想法印記在大腦裡難以校正。此外，大部分的教學應該要以「學生為中心」及「教師為中心」的教導並行。

　　知識是核心素養能力表現的最基本單位，有扎實的知識才可能在遇到問題時以正確完整的技巧解決。所以，如果在各種知識學習上就出現困難，則難以有適切的學習及運用。例如：在核心素養試卷中，都會保留一些單純知識的考題。以教師為中心傳授知識的課程任務主要在教師身上，雖然會分析教材的前後脈絡關係，然而以一致的教學程序應用在程度差異大的團體班級上，較難顧及學生的個別需求，將影響常態分配兩端學生的學習權益。此時，可以協同教學搭配運用，設計難易不同的分組課程，以解決異質班級的課程問題，而國教課綱中編列了「特殊需求領域課程」可以搭配進行。

（一）主要科目與主題

　　在各領域課程中都有以教師為中心的教導時機，例如：語文、數學、自然、社會等。另外如「探究與實作」課程中，學生遇到相關知能可能也需要教師直接指導說明。因為在有限的教學時間下，不可能每個概念都要依賴學生做中學或以學生為中心自主去找答案、長知識。所以能在教學過程中適時看到學生的問題，或學生尋求解答的時機，都可以即時將準備好的知識有結構地傳遞予學生。另外，教師也可以在一個課程中建立微學習知識點，例如：將課程教材拆成幾個單一概念的知識點，依據知識點指導學生個人化的精熟學習，如此可顧及學生的學習動機，並運用以教師為中心的知識傳授任務。

（二）教學理念與策略

1. 教導基本概念：提供充分的例子，用精確且一致的方式傳達歸納性的規則，運用正負例來解釋概念，使學生精準地學到重要知識（楊坤堂，1999）。對於容易混淆的教材分開教，等待一個概念凝固後，才教導另一個相近的概念。例如：要等到學生確實學會「行」字後，才教導學習「衍」字；精熟個位數加個位數後才教十位數加十位數。

2. 有結構的課堂教學：以教師為主導結構化地教學。教師以啟發式教學法，主導學生思考問題及引導解決問題。或者藉由教材引導學生從簡而繁、由淺入深地學習，學習過程井然有序，並在教學過程中對課程材料進行有順序的解釋、提示或發問。在教學活動安排上，每節課的教學包含各個階段性任務的活動，每項活動時間不超過 15 分鐘，使學生維持良好的專注狀態，以進行有效的學習（Boggs et al., 2004）。教師控制時間，並配合結構化的時間表，讓學生知道每個時段內的任務。

3. 診斷與評量：教師以形成性評量持續監控學生的學習狀況，藉由多次小測驗了解學生對學習內容的精熟狀況，並診斷學習問題，以學生絕對的表現標準（即標準參照），而非相對標準（即常模參照）評定學生是否達到精熟狀態。教師應編制測驗題庫，以方便持續地進行學生學習的評量，形式可以非常多元，如口試、紙筆測驗、學習單、實作等。

4. 實施補救教學：藉由前述評量了解學生學習狀況，對未達精熟的部分，設計補救教學或帶領學生反覆練習。

5. 教室情境：教室的布置明亮活潑而不雜亂，隨著單元主題更換教室情境。例如：壁報欄裡配合教學單元設計海報或實物作品等（范長華，1988）。

6. 製作教具：教學過程善用實物、圖片和字卡，增進學生深刻學習效益。且教具應具有啟發性，設計鮮明醒目，讓學生掌握重點而且印象深刻，如果呈現的資料雜亂無秩序，將降低教具的功能。

7. 運用教學策略：教師熟悉並擅用各種教學策略，以提升學生學習效果，包括講述技巧、引起動機、教材呈現、時間控制、增強應用、齊聲反應、工作分析、實例練習、作業檢查、向學生說明課堂學習目標、複習安排等（Mills, Cole, Jenkins, & Dale, 2002）。其中，齊聲反應是直接教學法的技巧，指教師提問或示範一次後，由學生齊聲回答或複誦，教師再說一次由學生再齊聲複誦。齊聲反應可以讓一些本來很害羞、不願意回答的學生，自然地參與課程。

（三）學生學習

　　學生透過教師的示範與講解，以結構性的順序學習，經由充分練習而能精熟學習內容。不論學生特質為何，皆具有學習的任務，學習能力較弱者則花費較多時間學習，或學習較基礎簡單的課程。

1. 學習概念：學生在教師目標性的引導下努力思考，凝固教師課程中所發現的概念與答案（黃幸美，2005）。
2. 精熟學習內容：學生透過教師示範與講解，以結構性的順序進行單元學習，學生所需的學習時間不一，以對學習內容達到精熟為目標。必須精熟前一單元的學習內容，才進入次一單元學習。
3. 發展學習策略：學生將因為精熟課程後，發展更多的學習策略，以應用在其他更多的學習過程（Lee & Kahnweiler, 2000）。

第四節　協同教學與合作學習的實踐

　　跨領域、跨科目學習是國教課綱課程的重要教學模式，因此，無論教師面向或學生面向，常有需要共同工作的時候。前者為協同教學（collaborative teaching/cooperative teaching, co-teaching），後者為合作學習（cooperative learning）。

一、協同教學與合作學習之教學論述

（一）協同教學

　　協同教學，是由兩位或兩位以上教師組成一個教學團（teaching team），善用各自的專長共同合作教導學生（林美玲，2003）。協同教學是一種教學的共同參與（keep-in），而不是分割（pull-out）的教育模式（Gerber & Popp, 2000），使不同教師的專業間得以互補，在合作下共同計畫課前準備、課堂教學及課後檢討的課務，每位成員教師投入相近的精力與時間。因此，如果只是教師們同時出現在課堂中並不等同於協同教學。協同教學實施有幾種類型：

1. 主副教學：由一位教師帶領全班成為主要教學者，其他教師提供個別

化的支援，例如：在旁觀察記錄學生反應及教師的講授，提供課間補充及課後討論。

2. 平行教學（parallel teaching）：將學生區分為幾個異質團體，各教師分別在各個小組內同時教授相同的基本課程內容。

3. 整組教學（team teaching）：教師們共同教學，對整個班級授課。

4. 配置教學（station teaching）：將課程規劃深淺內容，依據學生能力實施教學，不同組的學生學習不同的課程內容。

5. 替代教學（alternative teaching）：由一位教師對已完成學習進度的同學實施充實或替代活動，其他教師對需要加強學習的同學進行補救教學。

在包含各種不同學習條件學生的課堂中，很適合以前述配置教學及替代教學的模式進行，以達適性教學的目的。協同教學特徵如下：

1. 因應個別差異調整課程：單一教師難以在同一時間照顧班上每位學生的個別學習需求。協同教學共同掌握學生的學習狀況與情緒反應後，視課程需要及學生學習需求進行大班教學、小組討論，或者一對一教學，因而更容易滿足學生的個別需求。

2. 依專業進行分工：各個教師貢獻各自的教學專長，由各個相關科目、年級的教師，甚至加上學校職員或家長組成教學團，依學生的學習需求規劃教師教學的科目與性質。亦可找一位經驗豐富或與主題最相關且有領導能力的教師擔任課程領導者，推動教學團運作。例如：「音樂會」主題的藝術領域課程，可由具音樂專長的教師為主導，進行各自課程內容及活動的規劃與教學工作的分配，而其他教師充分配合進行教學工作的準備與執行。

3. 充分溝通互動：教師們經由多次討論，研商教學計畫，進行各科教學活動設計及分配教學工作。若教師群彼此各自為政缺乏討論，將導致協同教學變相成為一兩位教師的工作，如此一來，就失去協同教學的意義。

4. 彈性的教學計畫：協同教學依照課程的特性與學生需求，進行課程彈性設計，包括科目領域、策略運用，以及進度、流程規劃等。其中規劃的科目可能為單一學科、跨科目，或跨領域進行教學計畫與安

排。另外，有完整的策略規劃才能整合課程，包括找出個別學生的狀況及需求；而由於教學型態、學生組成與教學方法不同，應彈性安排上課時間，有效地分配及組織教學時間（Gerber & Popp, 2000）。

5. 提升學生學習利益：協同教學下，優良教師的教學效益為許多學生共享，而能減少不適任教師對學生學習的不良影響，發揮與活化每個學生的能力與個性，學生並因此而獲得更多個別化指導（林美玲，2003）。

6. 行政配合與支持：協同教學需要行政充分配合，例如：教師專長的安排、課程協調、充實教學所需相關設備，以及進行協同教學的效益評估。在資源有限之下，行政人員更需協調教學時間、設備，以及授課場所。

（二）合作學習

　　Vygotsky（1978）的鷹架學習理論指出：如果透過他人的輔助或與更有經驗者互動，其能力發展比其獨立學習時更好。透過同儕間合作學習，給予適當的輔助搭建學習鷹架，對於學生的學習將有實際的助益（計惠卿和張杏妃，2001）。在合作學習時，同一組成員之間分工合作，共同利用資源，彼此談話討論、交換思想、互相支援，每位學生盡力表現其最大潛能，並利用小組本位的評核及組間競賽，增進學習成效。此學習模式使每位學生在其中有更多的學習機會，也可增強學習動機（Jenkins, Antil, Wayne, & Vadasy, 2003）。合作學習的執行包括四個步驟（鈕文英，2003；Sonnier-York & Stanford, 2002）：

1. 課前分組：教師於課前計畫小組人數、分組方式、運用空間，以及準備教材等。可依據學生能力條件等，採跨班、跨年級的分組團體學習，有時也會讓同學自找組員或教師隨機安排。

2. 教學實施：教師任務在督導各組合作學習。教師應具體描述課程目標、說明學習任務、清楚解釋作業及目標結構，建立組員間互信互賴，促進組內團體效益，並在必要時適時介入進行成員協調。

3. 多角度的評量：在評分時，教師以各種角度的觀察、採訪、作業單及上臺報告，評估學生的表現。

4. 評分與表揚：教師同時著重學生個人的努力與小組的整體表現，評核

學生學習成長情形及與學生討論他們合作的情形，以評量合作學習成果。可請小組說明各自的工作付出，以便在團體中仍可以評核個人的表現，給予適當的成績肯定。

合作學習的優點在於任務由一組同學分擔，藉由團體互助的力量，在集思廣益下提升學生學習品質，使學習效率提高，個人並可由同儕互動與討論中，了解其他同學的學習行為與見解，從中學得更深更廣的知能。合作學習提供學生比較無壓力的學習情境，並且對學習成就低落的學生，合作學習提供他另一個管道的學習機會（Jenkins et al., 2003）。然而，合作學習可能出現一些缺點，例如：組內學生的意見若過於分歧，導致爭論不休，而致成員無法統整意見，影響作業的進度與表現。此外，小組內可能有不投入工作與不負責任的學生，造成團體目標無法完成，影響團體表現。有些同學也可能會受到忽略，而表現機會受限。另外，小組間的競爭可能產生摩擦，而輸的團隊容易怪罪某些成員，反而使同學間出現嫌隙。教師在安排學生合作學習時，應事先提醒同學互動技巧，儘量避免可能出現的成員互動問題。

二、協同教學與合作學習在國教課綱之思考

國教課綱指出好的學習課題，源自於真實世界，於是必須透過跨領域／科目的學習，來整合多方面的知識、態度、能力（黃儒傑，2020）。當教師以協同教學呈現課程，綜合各領域專長的教師教導，學生將因而擴大視野，而能取得一件事件更完整的訊息。而團隊合作更是現代競爭性就業的生產模式，以致除了閱讀素養、數學素養及科學素養之外，PISA 於 2015 年開始，新增評量考生合作式解決問題，以及全球素養的構面（臺灣 PISA 國家研究中心，2020），與我國國教課程中核心素養所強調的跨領域統整學習、溝通互動合作解決問題，有共同的期待。促使協同教學與合作學習成為國教課程中，不可忽視的課程角色。

目前，國教課綱在課程安排中，國民小學階段以領域教學為原則；國民中學階段在領域課程架構下，再彈性採取分科或領域教學；而高級中等學校教育階段，雖然以分科教學為原則，但仍透過跨領域／科目專

題、實作／實驗課程或探索體驗等課程，強化跨領域或跨科的課程統整與應用（教育部，2014）。因此，協同教學與合作學習的課程模式成為國教課程的常態，《高級中等學校課程規劃及實施要點》（2018）第五點並指出諸多關於協同教學與合作學習課程實施的重要規則，包括跨領域或跨科目之專題類課程「學生組成小組形式合作學習，每小組學生人數以三人至五人為原則」、「開班總人數二十五人以上者，得增加教師一人教學」。而在自然科學探究與實作課程「實施跨科目教學，班級學生人數二十五人以上者，得增加不同科目教師一人進行協同教學。」

　　協同教學在過去多為「教師主導型」，依教師的專長分工，如今「學生主導型」更適合現在國教課綱所提出的主軸，亦即期待教師以學生的興趣、能力或想要解決的問題為主，掌握學生「個別化」及「適性化」的元素，進行教師分配及課程形式的教學設計。

（一）主要科目與主題

　　過去常以上一節課上歷史，下一節課上地理的碎片教學型態進行課程，而今我國國教課綱與國際各國教育均強調實施「主題式」課程，此改變傳統科目教學責任與工作的分配。例如：一門以「歐盟」為主題的課程，關聯歐洲各國的語言、經濟、歷史、地理、文化等不同領域課程；或者如學習「餐飲服務」的職業課程，涵蓋了數學、語言和溝通技巧。任何一個主題均可能涉略各個學科領域，均必須考量設計運用協同教學與合作學習之課程模式。

（二）教學理念與策略

1. 充分的合作展現：教師計畫協同教學時必須打破學科間的藩籬，教師設計課程時不再是堅守自己的專業，以便能充分且適當地協同合作。
2. 充分互動共同工作：教師發展設計課程主題、課程內容與聯合命題，為同一課程共同負責。然而，當學生提的問題難以明確界定學科時，應由哪一位教師來回答或引導，則教師間必須有一定的默契及分享，方能以學生角度出發，進行課程指導。

（三）學生學習

1. 整合學習：學生在教師的安排下，面對跨領域、跨學科、主題式課程進行整合學習，不偏頗單一學科或面向的學習。
2. 充分合作：學生藉由合作充分展現團隊精神，負責個人在團隊中的任務，貢獻自己的觀點，提升小組作品的品質。

第 五 節　學生學習策略教導

　　過去在教學上，常常運用精熟學習的策略引導學生，不習慣關注學生的學習策略運用情形，所以常見的策略就是教師拚命教，學生拚命讀。如此，便無需發展學習策略，教師落入以自己的觀點去指導課業，未能注意到學生有其各自的學習罩門，因此輔導效果有限。國教課綱提醒教師們在教授課程時，也必須關注學生的學習策略表現。

　　本節將分提升學習動機、專注力、後設認知（metacognition）能力為主進行描述。學習策略間的效益環環相扣，學生若能掌握這些策略，對其記憶力等其他學習狀態也同時提升，因此記憶力等策略只在本節「其他策略運用」段落中做概略描述。當然學習策略不只有這些，讀者可藉此依學生的條件思考更多引導學生有效學習之策略。

一、學習策略之教導論述

　　根據訊息處理理論（information processing theory），學生進行學習時，首先注意到外在刺激的存在後，透過聽覺或視覺進入感覺記憶，然後在經過有效運作後進入短期記憶，再經由複習後進入長期記憶而完成學習。在這個過程中，每個歷程都是學習成效的關鍵所在（胡永崇、黃秋霞、吳兆惠、胡斯淳和顏玉華，2006）（圖 3-1）。學者主張，若能從訊息處理的過程發展學習策略，將可顯著提升學生監控學習狀態，因而能提升學習效益（Tangen & Borders, 2017）。

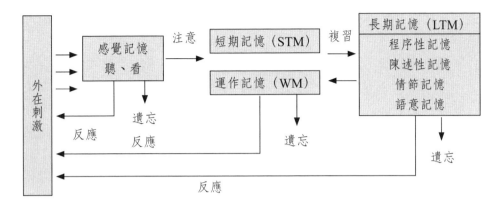

〈圖 3-1〉　學習時之訊息處理過程

　　學生具有學習困難時，可能的因素有五個：一為認知問題，學生在取得、處理、儲存及提取資訊有困難；二為讀書習慣，無效的方法可能導致學習成果不佳，例如：不專注；三為學習環境因素，例如：文化刺激不足、環境干擾；四為學習的相關因素，例如：情緒表現、學習態度等；五為生理問題，如年齡、病理等（Hendricson & Kleffner, 2002）。必須在了解學生的學習困難及其學習優弱勢後，才能發展出適合學生的學習策略。運用策略讓學生完成學習過程中的各個任務，以及教導學生學習策略以便於未來應用。培養「帶得走的能力」為教師的重要任務。

（一）學習動機提升

　　具有學習動機而進行的學習，遠比被動告知而獲得的學習來得更有效、更深入（計惠卿和張杏妃，2001）。當學生盲目地學習時，若投入相當多的時間精力卻得不到對應的回饋，容易出現放棄學習、無自信等負向的學習態度。當學生學習無動力之下，便容易沉迷於線上遊戲等影響投入學習的行為，或可能出現情緒問題，有一定比例學生甚而因此出現焦慮、恐慌的症候。有好的學習動機，才能讓學生主動積極地想學習，是自主學習的第一個要件。許多學生盲目地在校園與家庭間穿梭、應付學校課業，學習成績無法理想。因此檢視學生的學習動機狀態，據

以引發其學習動機便相當重要。學生學習動機低落因素可以從幾個向度思考：

1. 不知學習目標：不了解學習與未來發展的關聯，例如：不知現在在做什麼、不知未來要做什麼，不知為何學習、為何受教育，對於未來發展也更是盲從。若具有這些茫然的情緒可以有幾個做法：一為帶領學生覺察其學習態度，引導他思考計畫當前的學習任務；二為以相關測驗評估檢視，如施測生活價值觀量表，從學生的生活重心著手訂定學習目標。即使討論結果尚無法產生明確的學習目標，也可以藉以引導學生體悟「多方探索」對其學習的意義，使其願意做更多的嘗試。

2. 不具學習興趣：動機是驅力，如果學生具有學習樂趣便願意投入課程，否則在教室內常思緒空白、發呆，因此教師應試著設計引起學生有興趣參與的課程內容與型態。

3. 學習成績挫折：學習經驗影響學生投入的心力，投入時間少，則成績更不佳，惡性循環結果將出現習得無助（learning helplessness）的學習模式。即使學生可能知道要做什麼，但是不知道如何學習也將導致其學習挫敗。此時，很需要評估學生的學習問題及學習優弱勢後，發展適當的學習策略。

（二）專注力提升

　　專注力不佳容易出現學習片斷的現象，可能無法持久地操作一項作業、容易將注意力轉移到另一件事情上、做事情粗心大意、對交代的事情好像有聽到卻又未掌握訊息，或寫功課時動作很慢，以致影響學習效率，無法發揮潛能，做事情成功的機率因而減少。訓練的方法相當多元，首先應讓學生承認自己專注力不足的學習問題並願意改變，而後以相關策略進行訓練方能有益，包括：

1. 發現不專注的原因：找出不專注的原因才能規劃適當的輔導策略。有些不專注的表現是因為先天的關係，如生理所導致的注意力缺陷問題，有些則是後天的影響，例如：學習動機、學習內容太深或太淺、學習環境的影響等。了解原因之後再針對問題適時引導，安排專注力策略的訓練。

2. 行為改變技術：較小的學生對未來多懵懂未知，尚未能掌握學習目標時，可以增強等策略進行有結構的行為改變技術方案，培養其專注的讀書習慣。

3. 問題引導學習：運用 PBL 的概念，先讀問題自己考試後，再回去讀文章。例如：先看習作或做試題，再回去讀文章，以統整個人所學。如果沒有現成的題目，則自己從文章中出題（如自製簡答題、問答題、填充題等），再做題目後才看文章是一個更好的策略，學習策略的發展必須具體、直接、實用且不八股。

4. 關鍵字閱讀策略：先閱讀一次文章後，自己將文章內的關鍵字劃下後再讀一次。前述設計 PBL 問題的訓練，也能提升擷取關鍵字的能力。

5. 組織架構圖：將課文內容的概念分析並組織，因為要花精神剖析課程內涵，自然也提高專注力。

6. 分段落閱讀：有些學生看到一次呈現太長文章或太多問題時，會影響其研讀興趣而無法記住整篇重點或答案。若是如此，可嘗試將學習內容拆分成更小段落依次研讀。一段讀得透澈清楚後，才讀另一段，因為需要自己評估精熟效果，因此必須專注。待小範圍研讀能力穩定後，再增加文章長度。

7. 多感官學習（multi-sensory learning）：在讀書時運用多重感官，因為增加學習管道而得以提升專注力，包括視覺（看）、聽覺（聽）、動覺（手寫或手勢）、口語（讀出聲來）等。

8. 環境調整：刺激過多或嘈雜的環境常常影響學生的專注力表現，尤其對專注力缺陷的學生影響更大。因此，學習環境應注意安靜及整潔，布置不宜太雜亂或色彩繽紛，以免環境存在過多干擾訊息而分散專注力。

9. 檢核表應用：利用工具檢核學生的專注力表現，可藉由教師或他人的評估回饋或自我省思、自我控制等訓練專注力。此部分可與下一段落後設認知並行運用。

10. 錄音檢核應用：當學生在寫作業或閱讀時，聽到由預先錄好的聲音訊號（例如：出現間隔不定的聲音：「你專心嗎？」），立即自我評估當時是否專心，然後在紀錄卡上劃記自己的評估結果。當學習工作中的專注力行為逐漸穩定後，自我記錄工作及提示訊號可逐漸

　　退除。

11.學習程序調整：利用學習程序調整提高專注力的持續度，包括較不喜歡或不擅長的先讀，累了之後再讀喜歡的或擅長的科目；不需要手動的先讀，要手動的後讀等。

12.課程與作業呈現：例如：將課程或作業設計為較有趣的內容，或使學習目標明確簡單化，使學生覺得有趣而且範圍清楚，主動投入學習。

（三）後設認知提升

　　後設認知是屬於高層次的學習策略運用，可以說是「認知的認知」，可分為兩個層面：一為後設認知知識，是了解後設認知的概念；二為後設認知技能，即個人支配運用知識與選擇策略的能力。具備「後設認知能力」的學生，在透過認知思維從事學習活動時，既能明確了解自己所學知識的性質與內容，也能了解如何支配知識，以進行學習或解決問題。運用後設認知學習的概念自 1970 年代以來即廣受重視（何東墀和胡永崇，1996），為學習者對自己的思考及行為進行監控與管理，包括分析自己所說及所做的過程，思考個人如何思考（thinking about thinking）、知覺個人如何認知（cognition on cognition）。一般而言，如果後設認知策略的運用不良，學生學習成就較差（江美娟和周台傑，2003）。後設認知訓練學生使用策略、評鑑策略及調整策略，不但能避免面對問題時盲目作業，或使用直覺的態度未經思考而解題，且能幫助學生以彈性、策略性的方法應用已習得的知識（Desoete, Roeyers, & Buysse, 2001），使學習更有效。

　　許多研究藉由發展後設認知策略，促使學習困難學生對學習任務更主動地介入（胡永崇等，2006）。其中可以自我管理訓練（self-management training）做後設認知的能力提升，覺察自己表現後進一步管理行為（Mills et al., 2002; Montague, 1992），其策略如下：

1.自我監控（self-monitoring）：檢視自己在作業表現過程中的問題，監控自己的解題學習活動，利用偵錯分析不當的反應表現。例如：自己核對答案，找出錯誤，檢核自己的反應並校正（張英鵬，2001）。又如覺察到自己正在放空、覺察自己又被手機干擾；又例

如：讓學生閱讀一段對他而言簡單的課文，並要求他監控自己所發生的閱讀錯誤，或指導學生使用內在語言，對行為或學業表現做週期性的自我監控等（胡永崇等，2006；Veselinov & Nikolic, 2015）。

2. 自我控制：自己控制情緒或行為表現，例如：出現焦慮情緒而影響學習時，給自己指令平緩情緒；又如限制自己若認真作業 40 分鐘，可以休息 10 分鐘。

3. 自我指導：用教學者的角度引導自己認知問題解決狀況，並指導自己運用及調整策略。如學生於閱讀前檢視文章之相關題目或運用自我詢問法等，進行積極的自我指導學習。

4. 自我調整：矯治不當的學習狀態，以自我增強等策略調整與維持正向行為，例如：發現自己又放空了趕快回神、成績退步則自我檢視後發展調整策略。

　　後設認知策略常應用在容易不專注的認知課程學習，包括語文、數學等，察覺自己的認知活動歷程，了解影響自己學習之相關變項，進而對自己的認知活動採取策略行動；在情緒、態度及行為問題上，後設認知策略可以提升個人控制衝動及違規行為，對於專注力及學習效益可以有效提升。然而學生的年齡、能力水準、學業成就、背景及先備經驗、學習特質等，均會影響後設認知的應用（Montague, 1992）。因此，教師在指導學生應用時，必須先評估學生的吸收及運作效果。

（四）其他策略運用

　　其他常見的策略如記憶策略（mnemonic strategies），或稱記憶術（mnemonic techniques），是一個有系統地提取資訊的過程。透過有意義的編碼和適當的檢索，幫助學生形成較快而持久的記憶，並提升運作記憶（working memory）能力。記憶術在激發學生的記憶，透過小技巧，運用長期記憶庫中既有的資訊，連結新的學習內容以幫助記住新的事物（盧台華和王瓊珠譯，1999），常用來學習一些抽象及具體的事物，可以有效地幫助學生理解及回想，包括複誦（rehearsal）、組織策略（organization strategy）、自我提問（self-questioning）、區塊法（chunking method）、首字法、關鍵字法（keyword method）、

意義法（meaningfulness method）、聽覺的應用、視覺的應用（visualization）、位置法、字勾法（pegword method）等（陳麗如，2007），學生若能運用這些策略，也同時提升了專注力表現。

另外，引導學生覺察自己的學習風格後，更可因應其風格而做其他策略的訓練。陳麗如、孟瑛如和連心瑜（2019）將學習風格分為兩個部分，一為弱勢學習風格，例如：學習放空、應付學習等；二為優勢學習風格。教師可引導學生自我檢視是否存在不佳的學習特質，予以調整，或者善用個人的優勢學習風格，使學習時更有效益。

二、學習策略在國教課綱之思考

國教課綱指出：「為增進學生學習成效，具備自主學習和終身學習能力，教師應發展策略引導學生學習如何學習，包括動機策略、一般性學習策略、領域／群科／學程／科目特定的學習策略、思考策略，以及後設認知策略等。」關乎一位學生學習效益的技巧相當多，能否因應學生個別需求予以教導，為國教課綱課程中教師重要的教學素養。

學生在學習時常存在影響學習效益的習慣或特質，教師應引導學生認識自己的學習狀態，再思考調整學習技巧。無論在課程中或課堂外，教師可根據學生的陳述或對其學習觀察，列出與學習有關的學習行為，以及評估適當可用的策略，對學生做明確的指導並予以充分練習。對於較年長的學生，更可積極訓練其後設認知能力。國教課綱為達成學生習得「帶得走的能力」，培養學生擁有學習策略是重要的任務。

（一）教學理念與策略

在教導學生學習策略時，應注意以下原則：

1. 發自內心的學習動機：引導學生學習策略時，首先必須確認是學生發自內心想提升學習效益，如果能做到，教給他的策略才會有效。否則仍然淪為教師「說教」的情境，效果將大為減低且短暫。

2. 教導學習策略的應用意義：教師應教導學生學習策略意義及技巧，並監測學生的執行成效。例如：為什麼寫重點摘要？有何作用？讓學生有較好的學習心理準備。

3. 鼓勵學生運用策略：對於策略的教導，主要是為了提升學生學習效

益，可以因而花較少的時間理解所學習的課程內容，且可對習得的課程內容產生更長久的效益。應該教導他們嘗試在各方面學習發展策略運用，成為學生個人的技能，如此學生可以應用類推至更廣的學習面向。

4. 鼓勵學生分享策略運用：在課堂中鼓勵學生分享自己的學習策略運用，讓其他同學模仿學習，使學生得以更靈活地應用策略，以及更堅定自己的應用技巧。

5. 學習策略應該是方便好用的：策略本身是方便記憶的。如果為了要記住學習內容，卻想一個更複雜、更難用的策略，則增加學生的學習負擔而致弄巧成拙，便不是一個適當的策略。

6. 搭配其他策略：搭配其他策略可以令學習策略的應用更好，例如：時間管理策略可使專注力更有效實施、生涯規劃可使學習動機提升、讀書計畫可使學習更有結構地進行等。

7. 個別化的策略評估：每位學生有其個別的學習特質、學習習慣及學習風格，帶領學生認識自己的學習表現，便是學習特質的掌握。在發展學習策略時，首先必須了解學生的認知型態及學習類型，留意與他們學習表現的相關發展（胡永崇等，2006）。

（二）學生學習

1. 認識覺察策略：學生對認知策略充分認識後，執行應用於實際學習情境，知道何處、何事、何時該使用這些策略，以及為何與如何使用（何東墀和胡永崇，1996）。

2. 善用學習策略學習：學生平時習慣用學到的策略進行學習。若學到策略卻仍懶得運用，則學習策略對學生的學習便沒有意義。

3. 表述自己的學習策略運用情形：學生與教師溝通自己運用學習策略的效果，請教師評估並給予調整的建議。

第 六 節 各種教育學理綜合應用

如同本章一開始所言，教師應具有各種扎實的教育學理，以便能因應不同的條件和不同的課程目標，適當運用各種教學技巧，也才能在新的課程模式中帶領學生前進。

一、各種教育學理之論點比較

茲以表 3-1，將各種教育學理與國教課綱中的各種精神或目標作呼應，但這之中只是大原則的思考，真正實行課程與理論時並非絕對，更期待的是讀者們能在融會貫通各種學理後，有自己運用的教育哲學與主張。

〈表 3-1〉 各教育學理與國教課綱中的呼應

	學理重點	教學重點	主要課綱層面／精神[a]
學生為中心	1. Bloom 知識層次	以知識為底，培養學生高層次能力	各領域學習概念
	2. 建構教學	擴充學生生活經驗，跨教育階段 12 年一貫學習，以學生既有知能為底進階學習；重視生活運用、語言能力	探究與實作／自主學習／主題式課程
	3. Dewey 生活經驗學習	從生活中學習知識；做中學；累積經驗以累積知識；驗證知識	探究與實作／自主學習／實作課程
問題技巧	4. 問題解決策略	以教師為中心有結構地學習，教師為引導者	各領域／科目概念學習、解題
	5. 問題導向學習（PBL）	以學生為中心，以問題引導學習	議題教育討論／自主學習
	6. OECD 問答教學	非結構性議題；帶領學生全面性思考問題	非結構性議題討論
	7. 蘇格拉底反詰法	以學生為中心，引導學生發現自己的錯誤觀點後，發展正確的想法	各領域／科目概念學習、議題教育討論／自主學習

	學理重點	教學重點	主要課綱層面／精神[a]
教師為中心	8. 啟發式教學	教師設計課程，有結構地以問題引導學生觸類旁通	各領域／科目概念學習、探究實作
	9. 直接教學	傳授基本知識；字彙教學；概念教學；議題教導	各領域／科目知識
	10. 編序教學	依學生能力編制適性教材	各領域課程中的知識
	11. 精熟學習	反覆練習；精熟知識概念	各領域課程中的知識
團隊	12. 協同教學	跨領域跨科設計課程	主題式教學，領域課程／跨領域／跨科課程學習
	13. 合作學習	學生分組合作學習	主題式教學，探究與實作、小組問題解決；社會踏查

a 約略涉略範圍，非僅止於該些範圍。

二、各種教育學理綜合應用範例

此處舉社會領域公民課程中關於公民權利的主題課程進行示例，引導讀者體會各種教育學理綜合應用在一個課程中的情境（見表 3-2）。

〈表 3-2〉　各教育理論綜合運用範例

主題：「公民權利的源起」 課程進行：第四學習階段跨班課程		跨領域課程：含語文領域、社會領域
流程	內容概述	教育學理運用
課程內容的討論與決定	學生查詢並集合本次教科書章節文章內知道的專有名詞及不理解的專有名詞詞彙，以及以前在生活中曾經聽過的相關專有名詞。 教師與學生討論表決，挑出本節課想探討的名詞五個，如「公民身分」、「天賦人權」、「神權」、「有限人權」、「自然權利」五個。	建構主義、生活經驗學習

流程	內容概述	教育學理運用
教師以問題引導查閱	以該五個名詞為問題，利用作業單請同學分組查閱其意義。	PBL、合作學習
教師引導學生思考	如果學生有錯誤解釋或不完整時，以問題詢問學生，讓學生發現錯誤或承認不完整，引導學生往正確的方向再去查詢確認資料。	蘇格拉底反詰法
教具與策略	事先製作精緻、色彩醒目的字卡表，將前幾個名詞填入，並以齊聲反應引導學生熟悉詞義。	直接教學法、精熟學習法
評量後分組補強學習	成績不佳，未理解意義的學生分組由A教師直接解釋，利用問題引導學生思考，之後請學生複習後再評量一次。	協同教學；啟發式教學、直接教學法、精熟學習法
評量後分組進階教學	已理解的學生由B教師帶領以閩南語互相敘述，讓其他同學解答或糾正應該口說的正確語音。	協同教學；生活經驗學習

《透視鏡》

第4章

國教課綱之學生評量

在「歐洲參考架構」的引導下，歐盟成員國已發展出若干可行的核心素養評量方法，包括標準化測驗、實作評量（performance assessment）、檔案評量（portfolio assessment）等。我國國教課程中的評量，期待能適切獲取學生所處情境脈絡中素養涵蓋的知識、技能和態度。能否適當評量以確切了解學生核心素養學習成效，關係著國教課綱核心素養導向教學之成敗（葉坤靈，2017）。十二年國教課綱課程中必須不斷運用評量以了解學生的狀態，讀者可參考各領綱及「議題融入說明手冊」中所提之執行評量原則。本章介紹評量的基本運作原則後，依標準化測驗工具、替代性評量、教師自編評估工具等，分四節論述可善用的各種評量。惟很多時候不同向度評量技巧與時機會交互運用，其評量的角色並非絕對。

第一節　評量運作原則

教師評量的實施影響學生的學習模式，適切的評量觀點與實施，為教師必備的素養。從評量理論來看，國際間對適切評量的主張並無太大差異，都具備共通原則，國教課綱的相關評量工作也不例外。

一、評量概念

教學過程需要不斷運用評量了解學生學習狀況，其評量結果強調與別人比較者，為常模參照（norm-referenced）；與自己的成長及事先設定的標準比較者，則為標準參照（criterion referenced）（涂金堂，

2009）。不論哪一種評量，結果皆反映出教師教學和學生學習的過程表現和成果。一般的評量時機點包括學習能力的評量，以及學習歷程的評量，前者主要包括學習起點能力的評量及學習成果能力的總結性評量（summative evaluation）；後者指在學習歷程中探查學生的學習情況、學習困難，以及與學習目標之間的落差，即時給予學生回饋或調整教學，以促進學習，包括形成性評量（formative evaluation）、診斷評量（diagnostic evaluation）等。評量會運用各種形式進行，很多時候依賴紙筆測驗，如多數的標準化測驗、課程本位評量（curriculum-based assessment, CBA）中的自編測驗等。此外，也有依賴實作的形式，最常見的為實作評量及檔案評量。這些均可能運用在對學生的學習能力與學習歷程評量上。

二、國教課綱評量之運用

　　國教課綱強調培養學生素養的教育目標，學生學到了哪些概念知識、具有哪些技能與態度，是反映素養教育成效的重要指標。評量結果大多著重標準參照，每個人的學習表現與既定的評量標準做比較，了解是否已經具備各領域素養的基礎水準或精熟水準。

　　國教課綱各領域中都會指出學習評量的做法，提醒評量應考量學生身心發展、個別差異、文化差異，以及領域核心素養內涵。除了各自針對該領域的學習評量項目外，大都是教育與評量運用的規則，欲了解具體的策略或工具，可見本章其他節次，此處整理各領綱及議題手冊內常提醒教師對學生學習評量的通用原則（國家教育研究院，2014）。

（一）評量結果的注意事項

1. 涵蓋知識、情意與技能：各課程評量必須同時涵蓋知識、態度／情意，以及技能的素養三個主軸，引導學生達到「做、用、想」的課程理念與學習重點。
2. 整體評量：除了課業表現評量外，也重視學生的整體評量，包括學習動機等心理狀態評估、每個人整體發展的生涯評量等，據以提供學習輔導及協助學生具備終身學習的能力。

3. 進行高層次能力評量：藉由評量了解學生高層次的能力表現，促使學生自我反思以改善學習，有助於培養其思辨能力及後設認知等，進而提升其學習行為的品質。

4. 避免標籤化：學習評量中避免出現標籤現象，因此學習評量會減少以常模參照呈現考試成果，不強調學生在全班或全校的相對位置。

5. 以質性資料描述評量結果：學習評量結果除了量化資料外，應以質性描述，使用家長及學生能了解的用語來描述學生的努力和進步情形、成功經驗，或優良特殊事蹟等。

6. 知識評量：知識方面的評量宜涵蓋不同認知層次，包括知識、理解、應用、分析、綜合、評鑑。

7. 態度／情意評量：態度方面的評量宜涵蓋興趣、態度等不同面向，並透過教師晤談與觀察、學生自我評量與同儕互評等方式為之。

8. 技能評量：操作技能方面之評量宜涵蓋不同技能層次，並透過實作評量或檔案評量方式為之，且應考查學生日常表現與行為習慣之改進。

9. 統合能力方面的評量：宜涵蓋設計、創新、解決問題、團隊合作、批判思考等面向，並透過實作、晤談、自我評量、同儕互評、檔案評量等方式為之。

（二）評量內涵的注意事項

1. 與學習內容連結：教師應依教材內容、教學目標與各課程學習重點訂定評量的標準，以安排適當的評量形式與內涵。

2. 依照課綱評量：學業成績評量、學力檢定，以及入學測驗等，皆宜以課程綱要為依據，評量及考試以不超綱不偏本為原則。

3. 核心素養評量：應依據各領域／科目之學習重點，考量學生生活背景、日常經驗或問題，妥善運用在地資源進行評量。尤應重視核心素養的知識、能力與態度，在實際生活應用的檢核，以反映學生學習情形或應用之成效。

4. 議題教育評量：採多元方式評量，內容應符合各議題之基本理念、學習目標、核心素養和實質內涵，形式視議題性質與教學目的彈性設計。

（三）評量實施的注意事項

1. 顧及個別差異：從學習能力弱到學習能力強的學生，均有各自的條件與限制，對班級所有的學生不應用一樣的模式評量，須因應學生的個別條件與學習內容調整評量內涵與形式。

2. 執行多元評量：運用多元評量，如紙筆測驗、實作、討論、口試、作業、探究實作、專題報告、成果發表等形式；教師晤談、學生自我評量與同儕互評等方法，以及實作評量、檔案評量等替代性評量。

3. 著重連續性：評量並非單次的工作，也不是為評量而評量。起點行為評量為擬定教學計畫之依據，先評估學習準備度，再計畫教材編選、教學策略、班級管理等工作；學習過程中的形成性評量可以即時發現學習困難，進行日常補救教學；學習後的評量可作為學生學習回饋、學生輔導，以及教師改進教學參考。

4. 執行診斷評量：要求學生作答時將過程儘量寫下，以了解學生思考步驟，並訂定分段給分標準，依其作答過程的適切性給予部分分數，讓學生理解其錯誤的觀點所在。

5. 活潑彈性地評量：評量之設計應以靈活、富創意、情境化與多樣化為目標。若有難以避免的超綱偏本考試材料，則應註記解釋。同時評量時應提供學生充分的思考時間，避免誤導學生死記公式的學習。

第二節　標準化測驗工具

一、標準化測驗

標準化測驗（standardized test）是以標準化程序編制測驗，經由項目分析等維持高的信效度品質，並發展嚴格的施測程序及計分方法與解釋，包括在測驗界出版的各種評量工具等，常可以成為評核學生的能力水準或性向所在。測驗題型包括多重選擇題和問答題，限制學生在特定問題情境下，整合所需問題解決的知識、技能與態度等表現（蔡欣坪，2013；Pepper, 2011）。核心素養部分之評量，另見第六章。

其他在教育場域裡的標準化測驗工具，大約可分為幾類：(1) 與學習能力相關：如智力測驗、學科能力測驗、成就測驗、性向測驗等，依

據評量結果可了解受測者的學習潛能或學習成就，通常經由常模對照後可以了解受測者在參照團體內的位置，可能成為課程內容深淺程度安排的參考，如「魏氏兒童智力量表」（Wechsler Intelligence Scale for Children, WISC）、PISA 素養評量等即為此類；(2) 與診斷特質相關：如學習障礙測驗、發展篩檢測驗、溝通語言測驗等，常可作為鑑定特殊教育學生或評定學生學習限制的依據，有些測驗也會依據測驗結果提供受測者發展學習策略，如「青年聽讀寫學習優勢發展量表」（陳麗如和孟瑛如，2019）；(3) 與行為／表現相關：如人格測驗、生活適應測驗，以及生涯規劃測驗等，可藉由測驗探索個人的性向及生活等狀況，作為心理調適、生涯選擇等相關輔導依據，如「生活價值觀量表」（陳麗如，2018）等。

二、標準化測驗在國教課綱之運用

　　國教課綱因課程範圍廣，如果有現成適用的標準化測驗工具，可以藉由測驗很快地了解學生的限制或優勢，而能與學生學習的條件匹配設計課程。例如：要進行閱讀素養教育（reading literacy education）的課程，若發現學生可能具有閱讀限制，則以相關的識字、閱讀理解、學習優弱勢等評量工具進行施測，可以很快地掌握學生條件為其做個別化課程或作業設計。

　　標準化測驗通常有嚴格的管制及使用限制，並依測驗相關學會規範而有施測者條件的嚴謹分級。例如：第一級測驗限制具有 5 年以上專業資格之臨床心理師、復健治療師、特殊教育教師、或具該測驗研習證書者方可使用，「魏氏兒童智力量表」便是一級管制的測驗工具；其他標準化測驗也常需要在輔導相關專業人員督導下使用，一般教師不能直接施測運用，很多時候也必須由學校行政單位購買後才能推展實施。因此，在運用上教師可以與輔導室教師充分溝通合作。

第三節　替代性評量

　　傳統評量依一定的程序進行，在評量的過程中，施測者與受測者間的互動幾乎為零，因而常常難以了解學生的學習行為。對於學生在學習過程存在的問題無法提供太多協助，且傳統評量通常以數字呈現結果，對於施測歷程未能完全掌握，無法了解學生是完全不會，還是只有其中某個解題步驟未能掌握。傳統評量使評量結果與教學間缺乏充分訊息，對於學生學習歷程難以全程掌握。因此學者們提出替代性評量的主張，強調學習表現過程的評量，常見的包括實作評量（performance assessment）、動態評量（dynamic assessment, DA）、生態評量（ecological assessment），以及檔案評量（portfolio assessment）。其中檔案評量是透過歷程檔案的評量，為國教課綱中高中學生的重要任務，另於第五章詳述。

一、實作評量

　　發展認知心理學家主張，學生的學習應兼顧內容知識和過程知識，內容知識的學習成果可經由客觀式測驗了解，過程知識則依賴實作表現充分評估（吳清山和林天祐，1997；盧雪梅，1999；Chen & Martin, 2000; Hambleton, 2000; Meisels, Xue, Bickel, Nicholson, & Atkins-Burnett, 2001）。實作評量，指教師根據學生實際執行的工作任務所作的評量，透過直接觀察學生的學習表現，或間接從學生的學習作品來評量，與檔案評量一致，係源自藝術與運動領域。例如：請學生閱讀一則操作手冊以評量學生的閱讀理解能力、煮一道東坡肉以了解學生烹煮程序的正確性，或者以量測一塊土地面積以評量其數學應用能力（Lerner, 2000）。實作評量若強調是在真實的情境中進行，有的學者會以真實評量（authentic assessment）指稱（吳清山和林天祐，1997；Chen & Martin, 2000），以強調所進行評量的情境不是模擬出來的，例如：評量學生在學校、家裡、社區或職場等生活情境之中的表現。為測量學生「會做」什麼，實作評量乃廣泛運用在今日的學校課程中，其具有如下特徵：

（一）真實化

實作評量在情境中呈現教材與問題，直接以觀察、對話與持續的操作，從實作經驗中了解其觀點及過程表現（Chen & Martin, 2000; Leonard, Speziale, & Penick, 2001），因為非「紙上談兵」，能確實評量出學生的真實表現能力。

（二）與教學相呼應

藉由學生的實作表現發現對學生學習有意義的資訊，其結果往往能直接反應在教學上，做教學調整（Leonard et al., 2001; Meisels et al., 2001; Spalding, 2000）。實作評量對於教和學均能提供充足的回饋。

（三）兼顧過程與作品

實作評量同時看成果及過程，能評量出學生高層次思考或問題解決的能力，並且可觀察學生的投入與講述表現，同時評量情感和社會技巧（許家驊，2003；Chen & Martin, 2000）。

（四）整體的評量

傳統評量從許多概念中抽樣組成試題後進行測試，較難取得一個能力或認知的完整訊息。實作評量評定的是一件任務或一件作品的完整表現，可以了解學生對問題的了解程度、投入程度、解決的技能，以及表達自我的能力，能夠較完整地反映出學生的學習訊息。

實作評量特別適用於需要實際動手做的學科，可應用的領域相當廣泛，如科學、數學、社會學科、職業課程等（張世彗和藍瑋琛，2004；Leonard et al., 2001; Mostropieri & Scruggs, 1994）。這些課程雖然很著重知識的吸收，但若可以看到學生的實作表現，將能增加實用性及應用能力。側重技術或操作的課程更常採取實作評量評核學生的表現，如英國採「工作本位的測驗」（task-based tests），營造真實情境檢測學生溝通及 ICT 等數位素養；「蘇格蘭成就調查」（Scottish Survey of Achievement）小組由教師觀察學生在作業中「與他人合作」、「問

題解決」、「運用 ICT 的態度」與「學習計畫」等，也是透過實作評
量予以評估。

為使實作評量擁有較好的效度，教師應掌握原則編擬適切的評量
計畫，應思考的相關工作如下（莊佩玲，2002；張世彗和藍瑋琛，
2004；許家驊，2003；Chen & Martin, 2000; Meisels et al., 2001;
Steege, & Davin, & Hathaway, 2001）：

（一）確定評量的目標

事先確定評量目標，決定評量的重點在於「歷程」（process），
還是「作品」（product），或者兩者兼顧？例如：請學生設計一個
模型，若要看其作品，則只要看學生完成作品的品質；如果要看其過
程，則可依程序與內涵，透過作業分析（task analysis）或課程分析
（curriculum analysis）決定評量的作業。

（二）決定評量的向度

決定採整體式計分或分析式計分？一般而言，前者適用於成品的評
量，後者更適用歷程或診斷評量，評量內容必須能反應評量目標與欲測
概念。

（三）選定評量的作業

依評量目標具體分析評量的行為表現，以選定學生要呈現的作業表
現。

（四）制定評量標準

列出行為表現的重要層面和各層面表現的評分標準，教師並可以就
評量標準事先和學生溝通，討論作品評核的向度，讓學生理解評量作業
內容意義，對學生回饋時也從這些標準切入。在這過程中訂定每項實作
作品的評量尺規，也成為必要的工作（參見第八章第二節範例）。

（五）設計表現情境

評量的情境可能是戶外教育中自然發生的情境，也可能是特別設計的教室模擬情境。

（六）發展評量工具

依資料蒐集的形式決定要蒐集的資料數據，發展各種評量工具，以便提高評量的客觀性，例如：作品檢核表、學習單、自我省思表、成果評分表、作品集等。

二、動態評量

L. S. Vygotsky 提出近側發展區（zone of proximal development, ZPD）的概念，他認為高層次心理功能的發展源自於社會互動後產生的認知內化歷程。Vygotsky 認為個體的學習成就往往比其潛能低許多，因此呼籲對學生的評量應著重學習歷程中認知量的改變，而這期間評量者對學生的協助為其成果表現的重要關鍵（Vygotsky, 1978）。學生學習過程如果需要的輔助獲得過少，則其成就表現水準將遠低於其潛能，學生藉由師長的輔助逐步發展個人的認知技巧，等到認知歷程充分內化後，所需要的輔助將減少。

R. Feuerstein 於 1979 年依 Vygotsky 的觀點，提出認知心理學派中動態評量的觀點。動態評量強調在學習歷程中持續進行評量，其目的在評量學生學習過程中如何發生變化及因應學生對教學的反應，促使產生有效學習（Khanahmadi & Sarkhosh, 2018）。在評量過程中，評量者與學生充分互動，進行各種形式的誘導、協助，促使學生同時進行學習。動態評量主張，唯有評量與教學間縝密結合，方能引導學生表現應有的成就水準。

動態評量的主要目的有三：一為評估學生學習潛能的範圍與方向，發掘學生表現的潛在水準；二為分析學生的認知歷程，藉由學生答題的表現，分析其對課程學習的認知水準；三為分析適當的介入策略，從與學生不斷地互動過程中，發現適當的教學介入策略。評量者思緒敏銳地察覺學生的表現，反覆評估學生的反應，了解其思考的錯誤點，並分析學生反應的錯誤型態等。

　　動態評量以個別形式進行，過程不斷地問答與教學，評量即教學，教學即評量，兩者間無明顯界線且反覆進行「評量－教學－再評量」。其目標在評估與發掘學生的潛能，而非侷限於對學生表現水準的評估。一般動態評量可分為五個步驟，即：

（一）呈現問題

　　引導學生了解題目的意義，也可以請他先解釋題目，錯了再依其觀點指導。

（二）學生解題

　　最好以放聲思考（thinking aloud），即請學生將所想的講述出來，以了解學生的解題思路。

（三）分析學生可能的思路問題

　　依學生反應分析學習狀態與歷程，並評估學生改變與成長的潛能。

（四）誘導學生解答問題

　　依觀察及分析所得，提出細部問題，以刺激學生思考自己解題方向的正確性，並誘導學生往正確的方向思考。評量者以各種形式的誘導、提示或協助，幫助學生表現最大的成就水準。

（五）計分

　　評量者設計計分標準，常見的方式是依據學生正確答題所取得的協助給予評分。可先把內容分為細項實施或列出解題步驟，所給予的提示或協助愈少，分數愈高。分數代表學生答題結果距離完全獨立解答或距離正確解答路徑的遠近。

三、生態評量

　　生態理論主張行為是個體與所處環境因素交互作用的產物，為了使個體在環境中適應良好，便應該了解其所屬生態環境的必需行為模式，

而後進行學習。生態評量對學生在各種生態環境中的能力需求及具備能力進行分析，以利教師為學生設計實用的課程目標與內容。依生態評量結果，可調節教學結構，提供支援系統，增進學生適應的行為能力，以促成學生行為與生態環境活動的條件達到平衡狀態。生態評量的內容因學生生活的時代與環境而改變，例如：都市中搭乘捷運可能為甲生必要的生活能力，但是乙生居住鄉鎮，則他只需認識機車交通安全。生態評量大多時候是一個個別化的評量，依每位學生所生活的時間、空間不同，而有不同評量向度與內涵。

　　為了與教學結合，生態評量過程會包括對教學的分析與設計，一般而言可分為五個步驟進行：

（一）蒐集資料

　　包括晤談、觀察、測量、記錄等，其中晤談的對象包括學生、家長等關鍵人物。

（二）進行生態分析

　　評估現在及未來可能的生活環境，進行田野評估（field trips），以了解學生之生活狀態問題與需求，以及適合成為教學的情境與材料。生態分析的範圍為學生主要的生活領域，以及其經常去或喜歡去的地方。之後分析在環境中常常做或喜歡做的各項活動，以及活動中所需具備的能力與評量學生目前的表現水準。

（三）細列教學目標

　　依生態分析結果評估學生的表現及需求，而後列出教學目標。

（四）設計教學內容

　　依據教學目標，進行教學內容設計。

（五）教學

　　依照所設計的教學內容進行教學。

國教課綱以學生生活為主軸，希望學生可以學習用得到的課程。依據生態評量結果所做的教學可以取材並執行於生活情境，因此，所設計的課程非常實用，而評量的功能很貼近現實，可以充分實踐國教課綱的企圖。

四、替代性評量在國教課綱之運用

多數替代性評量更重視學生的學習歷程，可從學生的表現直接進行評量目標設定，診斷評估出學生學習歷程的困難，而後提供教學資訊。能取得較細緻的診斷結果，且多因為與學習情境結合及與學生行為表現有充分的互動，可使受測學生的焦慮減低（Gillam, Pena, & Miller, 1999）。多數學生對大部分的題目都多少有某些程度的認知，替代性評量可以評量出學生的學習機會及學習潛能，是以成功為導向的評量歷程，可以減少學生因挫敗而導致學習動機低落的現象，充分掌握國教課綱「以學生為中心」的精神。又如國教課綱指出應從學生的真實世界現象設計學習課題（黃儒傑，2020），核心素養的評量必須妥善運用在地資源進行學生能力的評量（國家教育研究院，2014），即是生態評量的觀點。而對議題的教導也很期待跟社區資源結合，如各區域的「消防隊」、或「某個上市公司的附設藝能中心」等，藉由生態評量可充分掌握學生在社區情境中的訊息。教師可藉由生態分析了解學生在某些議題學習的適切性，因應設計安排課程。

另外，在國教課綱的許多領域課程很依賴完成作品以了解學生的學習表現，因此如檔案評量、實作評量等是各領綱中常提及的必要評量方法。然而，因為替代性評量試題取樣有限，無法了解大範圍的表現，也難以具體客觀，其推廣應用需要更多的支持系統方能推展。如全國性學測等各種升學考試更強調公正標準化的考試，較少單以替代性評量進行甄選依據。

替代性評量常常以一件作品、一個行為、或一個學習事件成為評量材料，過程需要與學生充分互動，評量者要有高度的覺察度及分析評估能力，以做適當的課程設計與介入。然而個別化的評量難以完全掌握，過於耗費時間與精力，往往成為評量者很大的負擔。因為教師時間及經驗的限制，不易實踐適時適當的互動，也因為替代性評量的計分複雜多

元，致使評量的信度與效度多不理想（Spalding, 2000）。另外，有時為能適當評量，常無法充分取得必須的資源或教材配合，例如：生態評量可能需要學生家長全力配合、實作評量需要相關教材教具等，這些都使替代性評量工作增加不少額外負擔，實踐力有限。

第四節　教師自編評估工具

　　教師自編評估工具是自古以來最頻繁運用的評量型態，包括課程本位評量（CBA）、自編檢核表等。

一、課程本位評量

　　課程本位評量一詞為 E. E. Gickling 首次在學術出版品中提出，並於 1980 年代中期盛行，意指對學科內容的學習表現進行評估，常常用以確定學生在課堂中的學習成果。張世彗（2012）指出，課程本位評量係以工作分析與精熟的學習測驗原理評量學生學習成效。傳統上教師所進行的小考、段考、期末考等教師自編測驗多是根據授課的內容編制測驗，是典型的課程本位評量。課程本位評量可分為三個參考向度（陳欣如，2006）：

（一）課程參照

　　以某學習階段內的學習為評量內容，學生所得到的分數意味著在該階段內的吸收程度。

（二）自我參照

　　以學生個人的表現進程進行比較，評估學生表現是否優於過去，即學習是否有所成長。

（三）同儕參照

　　以其他同學的表現為參考標準，如果發現比其他學生落差過多，則規劃補救教學或調整教學的量與難度。

　　課程本位評量材料取自於學生的學習經驗，可跨時間以相同的內容範圍甚或相同的題目，對學生重複施測，測驗資料常作為規劃教學進度的依據，例如：調整教學、安排進階學習或進行補救教學。課程本位評量能與教學結合，編制過程簡單易行，且能因應個別學生的差異調整評量的內容。課程本位評量可分為七個步驟進行，說明如下：

（一）決定評量的主題與範圍

　　清楚界定評量的課程主題與範圍。

（二）以學習目標陳列學習內容

　　分析學習所需技能，以學習內容為依據敘寫各項學習目標，以掌握將進行的教學方向。若在國教課綱中，則必須以各科課綱學習重點或各議題教育實質內涵為依據，敘寫各項學習目標。

（三）順序陳列學習目標

　　依難易度訂定邏輯順序，陳列學生的學習目標，並依此決定教學的次序，以方便評估學生的能力表現。

（四）評量學生的起點行為

　　將學生表現狀態與學習目標比較，評量學生在課程內容的學習起點能力，以準備教學。

（五）進行教學

　　依起點行為及學習目標間的差距，進行教學設計及教學。

（六）評量學習狀況

　　撰寫與目標相對應的試題，以雙向細目表作為測驗編制的藍圖，了解學生的學習狀況，並作為修正教學的參考。

（七）整理成績

整理評量成績以了解學生學習狀況及學習進步情形。

　　課程本位評量在教學期間反覆評估學生的學習狀況，以調整教學策略。在學習初可據以了解學生既有的能力以便設計課程，即起點行為評估；在學期中藉以了解學生對學習內容的精熟程度，以便增減教學內容及調整教學策略；在學期末，評估學生的學習成果，總結學習成績。因為需要許多題目以隨時評量，因此，常以電腦為工具建立題庫、電腦化雙向細目表、製作學生成績紀錄統計圖，以進行全班或個別學生的學習分析等。其中雙向細目表是課程本位評量常用的策略，也是國教各領域課綱內提醒教師應多運用的評量工具。

《透視鏡》　雙向細目表
（two-way specification/two-word sentence）

　　是指一個二維表格，將概念以二維向度分析其內涵，以便控制內容的分布。在評量工具的編制上，常藉以掌握評量的內容效度，避免命題偏頗。例如：將二維空間定在學習目標與教材內容兩個向度，或定在難易程度與教材內容兩個向度。國教課綱中，每個領綱內均呈現教育階段及核心素養兩個向度的核心素養具體內涵；也指示教師必須以學習表現及學習內容兩個向度，發展課程學習目標及呈現不同對應組合的教學資料，提醒教師教學及評量時要顧及各個重要教學主軸。

二、檢核表（checklist）

　　「檢核表」是在作結構性觀察時常採用的記錄表格，或可稱為評定量表（rating scale），通常是沒有經過標準化編制的過程，故無常模且信效度不佳。評估的內容可由教師依擬定要評定的目標自行設計，表格內容通常列出行為或特質的敘述，評量者針對該敘述依據觀察結果快

速地在檢核表上逐一劃記。其主要優點為方便快速地觀察記錄，且不必作太多的推論（國家教育研究院，2000b）。檢核表也常可設計為作業單或學習單，了解學生在學習範圍內的學習表現，評估者可以是教師、學生自己、同儕或是家長等。

　　由於學生非常多元，每位學生的需求不同，而每個課程內容差異大，無法每一個課程都有現成的評量工具可運用。為能了解學生的學習效益及學習需求，教師必須具有編制評估工具的能力。簡單的檢核表使教師可因應學生條件與學習需求彈性編制，是課堂中時時可應用的工具。編制時，應具體明列各項要點如下：

（一）確立檢核目的

　　確定要檢核的主題及目的，分析達成檢核目的的向度及元素。例如：可能是由教師評核學生的實踐思維（practical thinking）或情緒表現；或可能是協助學生省思學習，成為未來學習方向調整的依據。如圖 4-1 為學生自省評定量表之範例。

1. 本次合作學習的作業中，我投入小組討論的程度。

都沒有發言		有分享一些想法		發表很多想法
1	2	3	4	5

2. 本次電腦文書的合作學習作業中，我有了哪些改變或感覺？

□ 熟悉 WORD 的排版技巧	□ 熟悉 WORD 的標題設定技巧	□ 熟悉 WORD 的編號設定技巧
□ 熟悉 WORD 的表格製作技巧	□ 熟悉 WORD 的頁碼編列技巧	□ 熟悉 WORD 的其他技巧
□ 很高興學到許多 WORD 技巧	□ 喜歡用 WORD 寫作業及報告	□ 和同學一起學習很愉快

〈圖 4-1〉　學生自省評定量表示例

（二）選擇檢核材料

　　思考選擇要評核的材料媒介，例如：學生的實作行為、學生與同學的互動行為，或學生的學習單及書面報告等。

（三）決定檢核內容

　　呈現評核的內容項目，每一個項目只呈現一個概念，且敘述應簡單、易懂、易評核。

（四）決定檢核形式

　　檢核形式有相當多種，有勾選形式、點量尺形式，或選擇形式，亦可設計開放問題以增加檢核的內涵，但不宜過多。如圖 4-1 第 1 題為 5 點量尺形式（5-point scale），第 2 題為勾選形式。

（五）決定參與檢核人員

　　決定參與檢核的人員，可以是學生自我評核、與同儕互評，或由教師、家長評核等，有時候也會有多重人員同時參與評核。

（六）運用檢核結果

　　為提高檢核的價值，經過檢核後應有後續的運用計畫，例如：安排進一步學習課程、調整口語表達能力、學習人際互動技能等。

三、教師自編工具在國教課綱之運用

　　教師自編工具多以書面呈現測驗題目，雖然編制過程較不嚴謹、信效度低、測驗品質良莠不齊，但施測對象可相當廣泛，且能快速確認學生的學習程度或行為表現，便利性高且使用範圍廣，是教師常常運用的工具。國教課綱課程指出評量為教師必備的教學任務，教師是否具備自編評量工具乃適任教師的工作指標。而在國教課綱課程中期待學生具有自我省思的素養，學生若能自己設計檢核表做自我檢核，將使學習價值提高，並有利於發展個人的自主學習能力。因此，教師本身除要有自編工具的技巧外，也應教導學生編制應用。

《透視鏡》

第5章

學習歷程檔案指導

　　建置學習歷程檔案是十二年國教課綱教育改革中，高中端的新措施。如何展現一份具個人特色的學習歷程檔案，成為學習生涯的重要技能，更成為升學的必備條件之一。本章包含三個節次，第一節在認識學習歷程檔案，第二、三節進入實務操作，進行國教課綱學習歷程檔案的製作說明。

　　學生有目的之蒐集學習表現的作品或訊息，置入個人檔案成為學習歷程檔案，評量者依據評核的目的抽取檔案內的資料予以審查計分，即檔案評量（portfolio assessment）。

第 一 節　學習歷程檔案的意義與源起

　　檔案（portfolio）原意為卷宗、資料集或是紙夾，最早乃藝術家向他人介紹其個人藝術創作的歷程，而後經常用於商業上作為聘用人才的參考。應用在教育上，則強調歷程檔案是有目的之蒐集學生學習表現的各種訊息，因此也強調那是一種「歷程檔案」（process-folio）（Arter, 1992，引自張美玉，2001）。歷程檔案資料是學生持續一段時間主動蒐集、組織與省思的學習成果，可以知道學生在學習過程中所付出的努力、進步的情形，以及達成學習目標的程度。一般會將有利於審視的資訊做有系統的蒐集建檔，或協助審視者了解學生學習的各個層面。Jochum、Curran 和 Reetz（1998）指出，學習歷程檔案是一個以作品為中心的學習記錄過程。檔案可能呈現某些面向的變化，或蒐集最好的作品，可依內容及性質，至少分為四種形式（陳麗如，2006；

Jochum et al., 1998; Salend, 1998）：

一、目標本位檔案（goal-based portfolio）

事先建立目標，而後據此蒐集具有組織的工作樣本、檢核表、活動項目、影視檔案等資料。

二、省思檔案（reflective portfolio）

蒐集與前項檔案相似的資料，但另外增加關於學習及表現的敘述性，以及解釋性的資料。目的在協助教師、學生，以及家長了解有關學生學習的各個層面，如用功程度、態度、學習策略及成果批判等。

三、表現檔案（showcase portfolio）

目的在蒐集最好的作品，以爭取甄試進入某一個課程、學校或職場。

四、累積檔案（cumulative portfolio）

蒐集一段長時間的表現資料，可依此分析了解學習的改變情形，可能作為轉移至下一個學習階段的資料。

藉由學習歷程檔案呈現學習成果，可以了解學生已擁有哪些能力，也可以從學生的真實表現中了解有待加強的部分。目前，國教課綱下，高中端學生學習歷程檔案的建制，傾向於第四種「累積檔案」。學生建制學習歷程檔案資料，以參加大學入學甄選，則是偏向第三種「表現檔案」；而以一個主題為單位去探索省思學習，作為自主學習課程的上傳資料，則可以第一種至第三種進行檔案建立。就進入高等教育的準備而言，學生每一次作品的學習歷程檔案若能掌握所要呈現的目的，再去架構檔案的內容，將會對個人的「自主學習表現」很有說服力。

「數位學習歷程檔案」（e-portfolio）可納入更豐富的視聽、圖片，以及文本等數位內容，即時、便捷及互動性高的傳播特性，有利於教師掌握學生學習狀況，也有助於同儕和自我評量（peer and self-assessment）（葉坤靈，2017；Pepper, 2011）。臺灣高等教育學校推動

建立每位學生 e-portfolio 的措施已行之十數年，主要目的在讓學生得以隨時管理自己的學習系統，內容除所修習課程與成績外，也包括社團活動參與、課外活動參與、獲獎紀錄、證照紀錄、志工服務經驗等，許多學生也會把它作為未來求職的履歷資料。學習歷程檔案對於高等教育端的教師並不陌生。而目前國教課程所建制的高中學生學習歷程檔案，更是一個龐大的 e-portfolio 系統。

　　歐盟成員國以「檔案評量」作為學生核心素養養成的重要手段，將學習的成果與歷程脈絡，進行形成性與總結性的評量。他們發展結構化的檔案模組，藉由檔案資料的蒐集與描述，更有利於師生提供完整的資料，以進行公正評量（Pepper, 2011）。

第二節　學習歷程檔案建制

　　一份好的學習歷程檔案，必須與個人「契合」，應該注意一些重要的元素：

一、學習歷程檔案的建制原則

　　傳統教學乃藉由單次考試來評核學生的學習成績，據此對表現優劣做結論。學習歷程檔案可看到學生的實際表現，同時可導引學生適性探索個人的天賦和熱情所在。一個恰當的學習歷程檔案必須掌握以下幾個特性：

（一）自主性

　　由學生自主訂定學習目標後蒐集相關資料，藉以表現自我管理的態度與能力。若學生個人的能力有限且經驗不足，則可多參考同儕或網路範本，或與師長討論後再自行修正，讓學生得以更周延地掌握學習方向。

（二）探索學習

　　探索學習是學習歷程檔案建制的主要功能之一，學生藉由建立學習歷程，同時也在整理個人的資訊、探索個人的發展方向及優勢能力。

（三）兼顧歷程

學習歷程檔案希望學生能更注重學習歷程的成長，包括覺察到問題所在後的解決表現、思辨，以及省思行為等。所以學生不一定要有一個完美的作品，若有用心經營的學習歷程，一樣會獲得肯定。

（四）表現真實水準

以往考試時學生容易因為考試時間有限而出現應考焦慮，或其他因素而導致無法表現出真正潛能。學習歷程檔案因為是一段時間的表現歷程，可避免考試焦慮引起評量誤差，可更了解學生的真實表現水準。學生應藉由一段時間的真實表現彙整呈現，以真實作品佐證，審視資料者可以明確了解學生的表現情形。

（五）組織多元資料

學習歷程檔案應依其建檔目的蒐集組織各種相關資料，舉凡與審視目標相關的資料皆可擷取，如自我省思、家長的評量資訊等，可取得相當全面且多元的資料，並可兼顧認知、技能與情意的整體學習評量。

（六）與進一步學習結合

學習歷程檔案重視學生反省與自我評量的能力，以便發展進一步學習的方向（劉唯玉，2000）。

學習歷程檔案資料乃因個別學生的不同狀況，以及建立檔案目的的不同而有不同的內容。大學在選才時，依其科系著重的學生能力面向審查考生的資料，每份資料將因為呈現的內涵不同而有不同的評分元素與向度，是一個能兼顧個別差異條件的審視過程。

二、單次學習歷程檔案製作

雖然學習歷程檔案是高中學生的重頭戲，但從小即引導學生建立每一個主題的學習歷程，對於他的自主學習表現、組織整理能力，以及學習態度有很大的培育功能，而能成為新教育時代下的積極學習者。學生可以平時或在自主學習課程中訂定一個學習歷程檔案的主題（見第九

章），再把具體成品進行組織，附上省思等檢核，最後調整上傳成為具個人特色的學習歷程檔案資料。

　　例如：小麗聽表哥說他正在學很夯的「圖書資訊」課程，因認為自己對於電腦有興趣，但不知道圖書資訊與電腦有多少關聯，也不確定自己是否真的對這個領域有興趣，於是她建制了一個學習歷程檔案，期望更確定圖書資訊是否為其學習性向領域，她為自己設計一項作業，希望半年後能為自己解答（見表 5-1 及表 5-2）。

〈表 5-1〉　小麗的學習探索之學習歷程檔案建制計畫（範例）

主題：「圖書資訊探勘」 建制期程：國三 110 年 2 月 1 日至 110 年 8 月 31 日，寒暑假為主。		說明
檔案建制目的	☐鑑定　　■診斷　　■學習規劃	已知具有資訊學習傾向，但期望更確定；分析圖書資訊是否為我的學習性向領域
檔案類型	■表現檔案　　■省思檔案 ☐累積檔案　　☐目標本位檔案	蒐集個人的條件及自我省思
學習歷程與工具	■訪問　　　☐修課　　　■研習 ■線上課程　■檢核表　　☐相機 ☐攝影機　　☐掃描器　　☐資訊軟體 ☐其他：	訪問已就學該領域之學長或專業人員；蒐集網路資料及參加相關研習；定期自我檢核
選擇作品	■學習單元實作　☐書寫成品 ☐隨堂測驗　　　☐繪畫作品 ☐活動照片　　　☐軼事紀錄 ☐競賽錄影　　　☐獎狀 ☐日記片段　　　☐證照考 ■資料分析　　　■閱讀心得 ■測驗（興趣）　☐其他：	分析大學相關科系網站介紹，含教育目標及課程地圖
相關資料	■學習成果　　■改變情形 ☐使用的策略	作業練習、相關知識學習成果
定期檢視	三次大檢討：110 年 3 月 20 日、5 月 20 日、8 月 20 日	

〈表 5-2〉 小麗「圖書資訊」學習傾向自省表（範例）

＊我在圖書資訊學習態度上的改變：
＊我發現圖書資訊最重要的能力或條件是：
＊經過這些時間，我的哪些圖書資訊的知能有了改變？
＊我給自己這個圖書資訊作業上的表現幾分？
＊在圖書資訊學習上，哪個目標是我最難以達到？
＊關於圖書資訊我應該另外學習哪些技巧？
＊我會考慮繼續鑽研圖書資訊的學習嗎？

第 三 節　國教課綱學習歷程檔案建置

　　國教課綱下，建制學習歷程檔案是每位高中學生的工作。每一位高中學生以三年學習歷程進行建置，其資料形式與前述由個人建制檔案的資料整理方式不完全一致，乃是依教育部國教署統一規範後以學生為主各自建制，具有一定的內涵向度與模式。建制有幾個要件一定要掌握：第一，不可免俗地，如果升學是個人現階段準備檔案的重要目的，那麼準備時首先便需掌握教育政策對學習歷程檔案的期待，以及高等教育端教授審查資料的觀點，據此出發才能「投其所好」；第二，它是很有個人特色，而不是制式的；第三，它的準備需要漫長的時間，因此必須「有計畫地」執行資料蒐集與整理工作。

一、國教課綱學習歷程檔案蒐集與保存

　　國教課綱學習歷程檔案的重要目的之一是升學應試，校方在每學期開始前，各校上傳課程計畫書至國教署平臺後，學生開始管理建制，其程序為：學生於平時登錄個人帳號後，依規定上傳相關資料至學校端的建置平臺（只能是高中學習期間之產物），於每學期末時自行勾選規定件數以內之作品提交校方，後由相關管理教師認證後，再由校方在規定的時間內提交至國教署資料庫中，在未來申請升學校系時，再依目標大學校系之要求，勾選資料品項至系統中應試（見表 5-3）。其內容主要

〈表 5-3〉　學習歷程檔案作業流程

1. 各校課程計畫平臺	2. 各校校務行政系統學習歷程紀錄模組	3. 個別學生學習歷程資料庫	4. 大專院校各科系審查
每學期開始前，各校上傳課程計畫書至國教署平臺。	學校：每學期登錄學生基本資料與修課紀錄。各科任課教師認證學生課程學習成果。學生：每學期自主上傳課程學習成果最多 3 件，每學年上傳多元學習表現最多十項。※ 各校上傳至中央學習歷程資料庫，上傳後無法撤回。	學生在高三下於個人資料庫勾選匯出資料，經大學入學甄選委員會上傳給目標校系。※ 學生於申請入學時，視目標校系要求呈交自傳、讀書計畫、綜整資料等。	線上審查申請考生匯出的學習歷程資料，學習成果至多 3 件，多元學習表現至多十項。並可連結課程計畫平臺，了解學生的修課內容。

包括幾個部分：

（一）基本資料與修課記錄

　　由學校統一建置每位學生的基本資料和高中修課紀錄。後者得以了解學生學習地圖，其中部定必修及補強性選修可以了解學生是否具備大學的基礎學力；部定選修則是了解對於目標校系是否有銜接準備；校訂必修為了解學生的相關潛能與統整應用學習表現；校訂多元選修為了解學生潛能、興趣、跨域學習及綜合表現。

（二）課程學習成果

　　修習課程內的實作成品、書面報告等，經課程教師認證後確認上傳，每學期勾選上傳最多 3 件，三學年可提交共 18 件。甄選升學大專院校時得從中選定「代表性資料」至多 3 件至目標校系參加入學甄選。因此性向明確的學生理論上每學期可上傳少一點，性向不明確或每一科都好的學生，大多會傾向多準備一些，以因應未來學習性向之領域較明確時，得以選擇較相關的部分上傳。課程學習成果最好能加上心得反思，以條列形式或以敘事形式敘寫，學習歷程若有出現阻礙，可思考如

何解決及最後成果。課程學習成果形式可以為：

1. 書面報告：所修習課程的報告主題、書面證據、學習過程，以及結論。
2. 自然探究與實作、社會探究與實作等課程報告。
3. 實作作品：各科目課程的實作成品，呈現創作理念、執行步驟過程等。

（三）多元表現

修課紀錄以外之成果作品、校內外活動、特殊優良表現證明，以及自主學習（見第九章）等，不需教師審核即可上傳，每學年上傳合計至多十項。甄選升學大專院校時可從中選定「代表性資料」至多十項、圖片至多 3 張，至目標校系參加入學甄選。

（四）其他

目標大學校系要求之補充資料或其他有利審查資料，如自傳、學習動機、學習計畫、綜整心得等資料。其中綜整心得乃因為資料相當多，因此許多大學校系會要求學生寫一份 800 字以內的「多元學習表現綜整心得」，針對十項多元學習表現撰寫一份整體的心得省思。

以上第（一）項及第（二）項上傳的檔案均須經高中學校教師認證，並送至國教署系統，而其中第（四）項則待確定志願之目標校系後，了解目標校系的申請要求再行準備上傳（見表 5-3）。上傳資料形式有兩種，一為 MP4 或 MP3 的影音檔；二為圖檔或 PDF 的文件檔，每件可占 3-10 頁。作品說明或相關報告可包括：(1) 主題說明頁：報告主題及涉及領域或議題等；(2) 主題核心；(3) 結論與心得。學習歷程檔案製作之目的乃為了了解學生經歷的學習活動、反思收獲，而至啟發未來發展的脈絡。其內涵不以量取勝，以免資料呈現堆砌無中心的現象，並且不隨意跟風、不找人代做，方能呈現屬於個人條件及個人特色的學習歷程檔案，且在入學甄試過程的口試面談時，才不至於因為回答不出個人學習歷程檔案內的元素而「破功」。多數教授審查資料時會花較多時間看考生的多元表現資料，因為這個部分最能夠看出考生的性向

與實務表現，尤其是自主學習態度。

　　前述多元學習表現不是呈現學校必選修課程內的資料，其種類相當多元彈性，可包括如下：

（一）競賽參與

　　參與公辦或各種學術機構辦理的競賽。公辦如教育部主辦之各項競賽，包括終身司的全國語文競賽、師藝司的藝文類競賽、國教署辦理的「高級中學數理及資訊學科能力競賽」等；學術機構如多益（TOEIC）、托福（TOEFL）、雅思（IELTS）、全民英檢（GEPT）等；民間辦理的如財團法人九九文教基金會舉辦的「臺灣區高中數學競賽、國中數學競賽」、康軒文教基金會的「數學卓越盃」、聯合報舉辦的「全國作文大賽」等。清華大學曾編訂「高中生競賽及語言檢定簡介」，編列臺灣常見的各種競賽項目供高等教育端教授審查考生入學甄選資料時參考。參加的競賽若較未具知名的，或擔心教授不知該競賽是什麼，則建議說明競賽的內涵、規模、通過率等訊息。並且鼓勵學生附上檢視資料，例如：需要再加強的能力，反思自己的行動力等並做學習規劃，即把重點放在呈現個人是具有省思、自主學習的學生。例如：某次競賽未獲獎，則可以自省哪個高層次解題能力不足、需拓展的生活視野、領域，或自省考試焦慮對應試的影響，因此計畫哪個部分知識將再加強等。

（二）檢定證照

　　可參與各種可能與目標科系相關的證照，包括勞動部技能檢定證照，如美容證照等。而如大學程式設計先修檢測（Advanced Placement Computer Science, APCS）為臺灣師範大學資訊工程學系辦理的檢定考試，對資訊相關科系是有說服力的佐證資料，為許多大學資訊相關科系會參採入學審查的項目，並且部分校系在學生入學後，學生可以依APCS的檢定證照抵免程式設計基礎課程。在各校系網頁內，均有類似這些證照抵免學分訊息，教師可引導學生藉由搜尋資訊順便探索自己的性向。

（三）小論文

　　與碩博士研究生所寫的論文相似，但是為小型的研究或專題報告。學生可將自然科學領域或社會領域的探究與實作課程之成品做成小論文後投稿。學生也可在彈性學習時間時申請自主學習課程中，尋找自己喜歡的主題進行探究後做成小論文投稿。如果能跟未來專業發展的主題相關則更好（參看第九章）。如果能參與比賽將會是一個事蹟佐證，若獲獎則更有說服力。目前，國教署舉辦了高中生的小論文競賽，每年評比兩次，分別在三月及十月收稿（教育部國民及學前教育署，2020）。目前徵收的稿件分為二十一個學群：包括工程技術、化學、文學、史地、生物、地球科學、法政、物理、英文寫作、家事、海事水產、健康與護理、商業、國防、教育、資訊、農業、數學、藝術、體育、觀光餐旅等。

（四）研習或講演課程

　　學生自行安排研習，包括校內或校際教育單位或坊間的各種研習，以及網路的線上課程等。有些課程研習經過測試通過，可取得修課證明。可參看本書第十章。坊間課程琳瑯滿目，建議可選擇與自己目標領域相關主題進行學習規劃，除了可作為專業領域探索外，個人的行動更是一個自主學習、主動積極的佐證。

（五）校內外活動紀錄

　　學生將從事相關活動之經歷進行描述，包括活動收獲與心得、過程記錄與個人發展連結等，若能有活動證明則一併放入。例如：參加一個很特別，對自己很有啟發的活動，把過程做記錄而成為多元學習成果的項目。

（六）其他

　　幹部經驗、彈性學習時間紀錄、團體活動時間紀錄、職場實習紀錄、成果作品紀錄、大學及技專校院先修課程紀錄等。

二、學習歷程檔案入學審查

在十二年國民基本教育中，學習歷程檔案是進入大學的重要審查項目之一，在申請入學等升學管道中占有相當的分數比重。新制度的評核機制，學生上傳什麼，教授審核什麼。大學招生委員會聯合會每年會在系統中公布各校系針對高中學習歷程資料訂定入學參採之項目，供考生查詢。例如：查詢有參採「修課紀錄」、「學業總成績」、「課程學習成果」、「多元學習表現」、「學習歷程自述」等校系；或查詢有參採學科能力測驗成績之校系等，以協助學生規劃學習。一份凸顯個人特色的學習歷程檔案有以下幾個向度：

（一）修課與目標科系的連結

修課紀錄與大學校系專業的關聯性，著重學生是否「完整學習」了高中銜接大學的能力，即審核學生的學習能力，以及學習成果。例如：數學系最好有修習過部定選修中數學加深加廣的課程。因此，應指導學生至目標校系的網頁了解其課程地圖、培育目標等訊息後，再做匯出資料的規劃，以免送出的資料無利於檔案的加分。

（二）個人特質

每個科系會依其計畫培育出的專業人才特質，而期待招收具有該特質傾向的人才，考生所呈現的審查資料中要傾向能佐證該特質或能力的表現。例如：甄選社會系時，若能呈現資料佐證是「具備社會觀察與反思能力」與「方法及資料的運用」等，則會有一定的優勢。

（三）重視探究能力

重視探究與實作課程學習成果，藉以評估學生發現問題、探究問題、解決問題的總體能力。

（四）學習成果

呈現學習成果的能力，如修課成績、競賽結果等。呈現清楚的架構、有邏輯及連貫性的前後銜接、吸引人的破題，以便吸引審查者的目

光，讓審查者輕鬆擷取版面的資訊。

（五）自主學習展現

呈現學習動機，包括持續力、行動力，以及與個人的生命連結。把握自主學習特色及特殊優良表現。

（六）省思與成長

最好每件學習成果都有心得感受，以便得以製作出有靈魂的檔案，並證實在各個學習活動的投入與吸收，避免資料造假或以流水帳方式撰寫學習歷程反思。

大部分高中生未必能完全確認自己的未來，所以難以確認選擇學習領域的適切性，以至於部分學生在高三時的學習成果未必與目標科系在同一學群內，則學生的學習方法與態度便應成為學習歷程檔案中要表現的重點。

國教課綱學習歷程檔案系統是由國教署統一處理維護，其具有幾項特色：

（一）公信力

經由中學端熟悉學生的學校教師認證，其資料的公信力比過去的備審資料提高很多，未曾接觸學生的教授在審查時會更為放心。

（二）適性選材

從真實經歷所建制的資料，更可了解學生人格特質與性向表現。

（三）保證質量

經制度規定，每位學生選擇匯出的資料件數一樣，所有學生的版面一致，以同樣件數的代表作進入審查系統，不會讓學生有「以量取勝」的心態，或以美化版面誤導學生資料準備的重心。

（四）不干擾學習

　　學生平時即做上傳資料的準備，上傳至中央系統之資料無法回溯修改。每學期上傳當學期或當學年資料，不需到高三時才翻箱倒櫃找資料而干擾學生高三的學習。

（五）防弊

　　大學入學考試中心委由國立暨南大學建置學習歷程檔案資料庫，並在大學端審查學生資料上建立精緻的模組，有諸多防弊措施，例如：進行學生資料的相似度比對，包括自己上傳資料內的比對、與網路上他人的資料比對，以及比對是否符合學校課程內容等。所以，當學生多篇資料內容相似度太高，就會顯得學生不夠用心；當與他人相似度太高，則更有抄襲的嫌疑。

　　學生在學習歷程檔案建制過程可培養整理資料及組織規劃的能力，了解自己的學習優勢，並提升自己的信心。總之，學習歷程檔案格式雖然一致，但內容客製化，有品質的檔案可看得出學生具特色的自主學習態度及能力。

《透視鏡》

第6章

核心素養導向教學

　　我國十二年國民基本教育於 2014 年首次頒布課程總綱，同時頒布核心素養的三面九項課程內涵，爾後各領域課程依此編制領綱內涵，紛紛於 2018 年陸續頒布各領綱，其中最重要的部分，就是各領綱的核心素養教學目標。可見核心素養在整個國教課程中的重要性。

　　核心素養導向課程乃國教課綱的重要改革之一，每一個課程都要去檢視素養導向教學的執行。為免占據太多篇幅，本章只做課程方向概述，輔以部分相關論述。在進入核心素養導向教學的論述之前，請教師先準備教育部所頒布的十二年國民基本教育領域課程綱要「核心素養發展手冊」（國家教育研究院課程及教學研究中心核心素養工作圈，2015）對照研讀。

第一節　核心素養

　　課程理論及師資培育課程一直論述著所謂「潛在課程」（hidden curriculum），為的是在傳授課程的知識過程中，也要注意從中思考並設計學生能改變什麼，包括個人氣質、文化素養、問題解決能力等，此即核心素養「態度」、「情意」的部分重要課題。只是過去在教學時鮮少將這些效益搬上檯面檢視，告訴學生實質課程背後潛在要改變他們什麼，也未考慮要去評核學生在這部分的改變。例如：一則「拯救瀕死的小黑」，文中可能教導救治小黑的行為「能力」，但其實學生也從中認識「保護動物」資源的「知識」，以及培養了「尊重生命」的「態度」。國教課綱在核心素養的課程安排上，這些將會浮出檯面，與知識及能力並列為教學的重心，成為評核教學績效的指標，讓教師不只有教

「學」，還要教「用」，育「態度」，期待學生脫離「死讀書」的學習形態。

一、素養的發展與內涵

「知識」指的是學生對一套論述的理解，例如：了解運動對健康的重要原因，知道運動的類型與方法等；「技能」指的是學生學到實際操作的能力，例如：會（有能力）做有益健康的運動；「素養」指的是將前述兩者加入價值感受和個人態度，例如：「養成有益健康的運動習慣」。素養是人的心理品質連結個人態度與價值，表現出來的行動能融合有價值的知識與能力，是個人的行為習慣，更是個人的思維方式，並具穩定性。為了提升國民的水準，教育政策思考如何教給學生發自內在的吸收，因此，課程便需要以素養導向，實施以「終身學習」為中心的教育，即是學生不只是學「知識」、有「能力」，更要具備「態度」。

素養的概念來自兩個詞，一為competency（目前最多學者譯為素養），另一為literacy（知能，或有譯為素養）。以literacy而言，指能學習獲取知識或資訊的能力，著重讀、寫、算的基本能力，目的在確保個人擁有該能力而得以繼續學習，持續發展知識與能力，以達成個人生涯目標並參與公民社會（林永豐，2017）。知能（literacy）與脈絡、功能有關，是在實際的某個情境下能夠表現的，即所謂功能性知能的表現，如閱讀知能（reading literacy）、數學知能（mathematic literacy）、科學知能（scientific literacy）、圖像知能（visual literacy）、數位知能（ICT/ digital literacy）、媒體知能（media literacy）、全球知能（global literacy）、財經知能（financial/ economic literacy）、批判思考知能（critical thinking literacy）等。關於「competency」乃受到行為主義的影響，1960年代美國講述能力本位（competence-based）的教育，師範教育強調所有的教學目標應該能夠具體化分析，並於教學過程中進行評鑑與調整，以檢視是否達成所設定行為表現目標（performance-based goal）（Morcke, Dornan, & Eika, 2013）。1990年代初期，英國盛行「能力本位評量」（competence-based assessment），強調所有公共服務的品質應以明

確可測量的訊息來衡量職務上的能力（on-the-job competence），如醫療、教育、輔導工作等。如今廣義的 competency 界定為「能在訊息脈絡下，有效地完成任務的能力（capacity）或潛能（potential）」，視為是一個人的「常備能力」（generic skills）。PISA 測驗就是在評估受測者的功能性知能（functional literacy）程度，即核心素養。目前 PISA 所評量的是閱讀、數學、科學三個主要學習領域的素養。

　　從知識發展到素養涵蓋幾個層次，包括：(1) 知識：指學科知識；(2) 學得生活中出現的學科知識；(3) 了解生活中的學科現象；(4) 生活中應用學科知識的能力，代表著學科在生活中應用能力的提升（見表 6-1）。核心素養包括知識、技能及態度三大元素，期待教育能養成學生具行動力的素養。在考試時態度是無法評核的，這個部分有賴學生學習歷程檔案中實際表現，例如：看學生是否積極地去參與相關活動。

〈表 6-1〉　從知識到素養的內涵

	學習內涵	閱讀	數學	科學
知識導向	學習學科知識	學習閱讀（字、詞、句、文）	學習數學（會算、會解題）	學習科學原理原則
	學習生活中的學科知識	學習生活中的文章	學習生活中的數學	學習生活中的科學
	了解生活中的學科現象	了解不同生活脈絡中的文章意義	了解不同生活脈絡中的數學	了解不同生活脈絡中的科學
素養導向	在生活中應用學科知識的能力	在各種生活脈絡中會閱讀並應用文章	在各種生活脈絡中會應用數學	在各種生活脈絡中會應用科學

二、素養學習

　　在教育部的指導下，近年高等教育課程中也要求每一位教師在課程設計時即要思考各課程的核心素養是什麼。所以培育學生的核心素養對高等教育教師並不陌生，然而是否有落實並未受到檢視與督導。在中小

《透視鏡》 苦笑話幾則（摘自網路流傳笑話）

現在學生經常寫錯字，讓人哭笑不得。

◆ 元旦時，我們全家一起到歷史博物館參觀冰馬桶。

◇ 師評：冰馬桶是用來做什麼的呢？

◆ 昨晚左眼皮跳個不停，就覺得是個胸罩，今天果然遇到扒手了！

◇ 師評：胸罩還在吧？

◆ 報上說：吃了被重金屬汙染過的牡蠣會治癌。

◇ 師評：養蚵人家要發大財了。

◆ 請不要突然從背後拍我肩膀，我很容易受精。

◇ 師評：總共幾個小孩了？

批→知識表現不當，素養難成！

學教育階段則因為國教課綱而被嚴格地督核，教師能否適切落實核心素養導向教學，成為「教師素養」的指標。素養是在真實的情境下可以用出來的能力、以知識為核心不分科目地把所學到的知識融合活用，以解決真實生活中遇到的問題。具有核心素養則未來生活中即使社會環境變化，學到的知識仍然可以靈活運用，仍具有判斷及解決問題的能力，例如：知識判讀能力、邏輯推理能力、實驗設計能力、問題導向能力等。在國教課綱的教育走向下，「書呆子」將大為減少，但若學生未能具備適當的學習態度，將無法掌握其中學習要領，便可能會有大量的「盲從者」、「茫然者」。如何養成應有的態度，將決定新教育政策學習的成敗關鍵，其需要具備的學習運用元素如下（見圖6-1）：

1. 為自己而讀：為自己內在的興趣、性向、能力而讀，不是為父母、或為教師、為個人的面子而讀。學生是真正為了自己的發展前途而讀，因此是自動自發學習。

2. 長篇文章閱讀能力：為了能累積知識，不可能設計每一個情境讓學生直接體認學習及應用，有好的閱讀理解能力，方能解釋生活情境的訊息，也能以大量的文字書面資料去累積生活學習的材料知識，而

1. 為自己而讀
2. 長篇文章閱讀
3. 輔助工具閱讀

・先備能力與態度

4. 學習策略
5. 各科知識學習
6. 解決問題能力
7. 高層次認知

・輸入能力與態度

8. 應用統整反思
9. 生活情境應用
10. 表達能力
11. 整合學習
12. 適性揚才
13. 終身學習

・輸出能力與態度

〈圖 6-1〉　核心素養學習運用元素

評核時也只能藉由大量的文字去描述。長篇閱讀能力是精進及評核核心素養的關鍵能力。

3. 輔助工具閱讀能力：為了能多方學習，學到知識的深層意義及整合的訊息，往往藉由輔助資料加以說明，如表格、繪圖、地圖等。因此學生必須具備判讀與善用相關輔具的能力。核心素養考題的連續文本，含括了所有需要解釋的各種形式資料。

4. 學習策略：學生如果有適當的策略找到適合自己的學習方法，才能具有對應的學習效益。「死讀書的學習模式」，將使學習效益及應用表現受限。所以國教課綱指出教導學生學習策略，是教學工作之一。

5. 各科知識學習：能具有扎實知識使學生在遇到各種情境時得以理性的方法處理，因此仍需要扎實地學習各科的基礎知能。

6. 解決問題的能力：為了充分理解問題的元素，所以解答不能只注意答案及結果，而不去關注過程或步驟。每每遇到一件事，要能具有發現問題、假設答案、驗證、取得結果的習慣與能力。所以國教課綱

中設計「探究與實作」的課程，企圖教導學生解決問題的能力，提升素養。

7. 高層次認知：學到知識之後除了會應用，還能對相關事件統整分析而後批判，以至於面對各種訊息資料已不照單全收，而是有個人的想法。

8. 應用統整反思：可以從看到的現象及學習到的內涵覺察省思到自身的處境，因此不用經歷事件就可以增長素養。如果學到的知識或看到的訊息不會反思到個人身上，將使學習與自己分離，便無法與生活應用結合。所以國教課綱中，學生上傳的學習歷程檔案能不能勾勒出個人的「反思」成為關鍵元素。

9. 生活情境應用：因為必須能將知識應用到情境，所以強調生活情境應用能力。因此在教導時常需藉由探討活動、實驗、情境、時事等，進行學習教導。

10. 表達能力：因為需要不斷地探討，與人討論、交流思想，如果只會想但表達不清，無法適當傳遞訊息將限制學生的學習成就。表達成為另一個核心素養學習的必備技能，包括口語表達及書寫表達。書寫表達是目前我國評核核心素養的形式，而國際上已有一些國家已將口語表達列入評核形態，成為高等教育入學評核的成績之一。

11. 整合學習表現：過去偏重知識與分數、分科學習，所以學生學到教師教的零碎知識，然而事實上一個知識會跨越各領域科目。新課綱期待跨科整合，將知識活用且能予以實踐。為了培養學生素養，在國教課綱中便多以跨領域進行課程，到高中教育階段才以分科課程為主。

12. 適性揚材：因為找到屬於個人真正的特質及性向，所以能夠很自然地投入時間與精力，不需勉強，以至於可以快樂地學習，把才能發揮最大化。

13. 終身學習：在學習過程中不但學到了知識，還學到了學習方法，學習到的不是一時短暫的知識，而是可以帶得走的能力，以致未來在生活上遇到問題時會知道如何去尋找新知，能夠以有效的方法解決問題，可能在家庭生活上、在人際互動上、在職場上。未來也能很自然地發揮專業行為及傳遞知識。

　　核心素養能力必須先有扎實的知識為基礎。如果知識底子不佳，則首先還是要培養基本學習的技巧，並且為了具有高層次的能力，平時即要培養可提升敏銳度的能力，可以從以下幾個向度著手：

1. 學習閱讀文章：訓練如何閱讀字、詞、句、文等，從看到表面字、理解字義與書寫符號互動，能抽取與建構其中意義。

2. 自動化解讀能力：若自動化解碼技巧成熟，能流暢地朗讀，也因為能迅速認字，才能聚焦於文章意義的理解。

3. 知識背景：應用已有知識、能力解決問題，包括生活問題、學習問題，以及創新。為了理解各領域知識，便同時需要了解其中的專有詞彙知識。例如：化學詞彙、物理詞彙、音樂詞彙等，各學科詞彙組成規則都會影響閱讀知識與運用知識的能力。

4. 關注國內及國際時事：許多核心素養考題會與時事結合，即便考題內未必是問該時事的內涵，但是時事常常為考題的題幹，考生如果事先知道該時事，可以更快掌握到問題的重點，減少思索的時間，前述自動化解讀能力便提升。而且當學生不斷地去接收各種訊息，並在不懂時即刻查閱資料，其知識便會不斷地累積。

5. 問題導向思考：對於一件事情不斷地對其中的元素提問，先自行解題後，再進一步尋求解答觀點，可以藉由網路搜尋、與他人討論、請教教師等思考問題。

6. 後設認知能力：閱讀的後設認知策略是提升閱讀素養的關鍵能力。具有閱讀的後設認知策略者，較能覺察自己對文章內容的掌握情形，進而知道可以使用什麼策略讓閱讀更有效。方法包括：(1) 在閱讀前先確認閱讀目的，在掌握閱讀目的下思考所讀的內容，並調整閱讀方法；(2) 瀏覽全文大要（例如：目錄、標題），確認文章重點後，再進一步仔細閱讀；(3) 自問自答：針對文章中特定人、事、物、主題等提出問題，並自己嘗試回答，可以提升內在對話，有系統地分析問題資訊，加深對文章的理解；(4) 語意構圖：根據文章中的概念，形成訊息網狀圖，並思考如何建構元素間的關聯（陳麗如，2007）。

第二節 國教課綱核心素養與教學

目前教師與學生對於核心素養能力仍然陌生，也存在許多疑問，其一是核心素養還需要教嗎？在過去當一個人學的知識夠久、夠多，生活經驗累積夠多，咀嚼了其中的知識後，優秀的學子就會游刃有餘地在專業表現上、在生活情境中把它運用出來，但那是少數。大多數的學生知識歸知識、能力歸能力、生活歸生活，所以學的知識難以在生活中運用，知識與能力不相等。國教課綱便希望藉由教師專業課程設計的引導，讓大多數學生具備學得、會用，且願意用的素養。素養導向教學強調培養學生脈絡性的素養，學生必須常掌握前後知識脈絡、與舊經驗脈絡連結，提升其跨域的共通素養（generic, transversal competence）能力。

此外，核心素養教學也常被質疑其目標太理想化，因為太抽象，很難具體傳遞教導，以至於師生很難掌握。因此，如何將素養「轉化」（transformation）為課程，便是教師的功力所在。

一、國教課綱核心素養

國教署公告108課綱以核心素養為課程主軸，強調培養以人為本的「終身學習者」。核心素養內涵包含自發、互動、共好（自動好）的三大面向，另含九大項目，包括如下（教育部，2014），見圖6-2：

（一）自主行動

學生是學習的主體，以適當學習方式進行有系統地思考，以解決所面臨的問題，並具備創造力與行動力。學生在社會情境中能自我管理，採取適切行動，提升身心素質，裨益自我精進。

A1 身心素質與自我精進：身心健全發展的素質，擁有合宜的人性觀與自我觀，同時透過選擇、分析與運用新知，有效規劃生涯發展，探尋生命意義，並不斷自我精進，追求至善。

A2 系統思考與解決問題：問題理解、思辨分析、推理批判的系統思考與後設思考素養，並能行動與反思，以有效處理及解決生活、生命

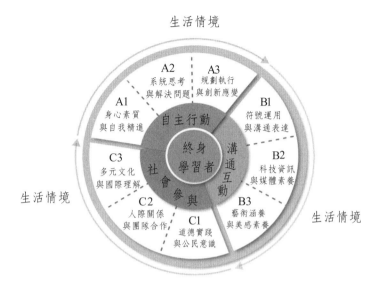

〈圖6-2〉　核心素養的滾動圓輪意象

資料來源：摘自教育部（2021），十二年國民基本教育課程綱要總綱，3頁。

問題。

　　A3 規劃執行與創新應變：規劃及執行計畫的能力，並試探與發展多元專業知能、充實生活經驗，發揮創新精神，以因應社會變遷、增進個人的彈性適應力。

（二）溝通互動

　　運用各種工具媒介有效地與他人及環境互動，包括物質工具和社會文化工具，如人造物（教具、學習工具、文具、玩具、載具等）、科技與資訊、語言（口語、手語）、文字、數學符號等。

　　B1 符號運用與溝通表達：理解及使用語言、文字、數理、肢體，以及藝術等各種符號進行表達、溝通及互動，並能了解與同理他人，應用在日常生活及工作上。

　　B2 科技資訊與媒體素養：善用科技、資訊與各類媒體之能力，培養相關倫理及媒體識讀的素養，俾能分析、思辨、批判人與科技、資訊及媒體之關係。

B3 藝術涵養與美感素養：藝術感知、創作與鑑賞能力，體會藝術文化之美，透過生活美學的省思，豐富美感體驗，培養對美善的人事物，進行賞析、建構與分享的態度與能力。

（三）社會參與

學習處理社會的多元性，以參與行動和他人建立適切的合作模式與人際關係。社會參與既是一種社會素養，也是一種公民意識。

C1 道德實踐與公民意識：養成社會責任感及公民意識，主動關注公共議題並積極參與社會活動，關懷自然生態與人類永續發展，而展現知善、樂善與行善的品德。

C2 人際關係與團隊合作：具備友善的人際情懷及與他人建立良好的互動關係，並發展與人溝通協調、包容異己、社會參與及服務等團隊合作的素養。

C3 多元文化與國際理解：具備自我文化認同的信念，並尊重與欣賞多元文化，積極關心全球議題及國際情勢，且能順應時代脈動與社會需要，發展國際理解、多元文化價值觀與世界和平的胸懷。

不同核心素養項目內涵不盡相同，各科有不同的學習重點，為了引導學生培養這些核心素養，應該進行全面規劃，以免學得的素養偏頗。

二、核心素養轉化

林郡雯（2018）指出，成功的教育改革有賴良好的實務轉化，首先教師必須認同以核心素養為導向的課程與教學，其次教師本身必須具備核心素養，而後教師的教學推理與行動必須確實以核心素養為導向。知識、技能及態度，也因而成為教師素養的元素。為了實踐培育學生的核心素養，必須由理念到實際、抽象到具體、共同到分殊，環環相扣、層層轉化。如圖6-3所示，看起來較抽象、理想化的核心素養，需拆解為較細項的次核心素養，以對應相關課程內容，作為教學與評量活動的參照，方得以落實核心素養教學。為此，在國教課綱中，均具體呈現各領域科目及議題教育之核心素養。「十二年國民基本教育課程發展指引」訂定了「核心素養」、「各教育階段之核心素養」、「各領域／科

目之核心素養」及「各領域／科目之學習重點」（包含「學習內容」和「學習表現」）。各層次更加具體，即做了核心素養的轉化，而接下來就是教師再進一步將其轉化落實在教學現場中。

張芬芬、陳麗華與楊國揚（2010）指出：課程轉化是將「理想化為實作，宏觀化為微觀，單純化為複雜，上位概念化為下位概念」的實際作為，以便進行教學的溝通。其中居於關鍵地位的是教師，提問的對象是教師，教師必須有能力在知覺課程與運作課程的層次中發揮轉化功能（林郡雯，2018）。教師的轉化能力關係著學生吸收課程的效益。

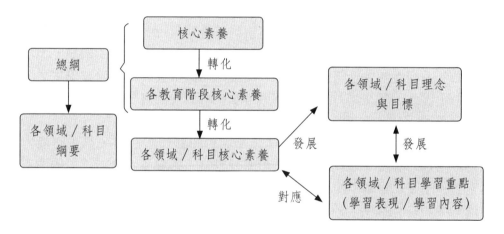

〈圖 6-3〉　核心素養在課程綱要的轉化及其與學習重點的對應關係
資料來源：國家教育研究院課程及教學研究中心（2015），7 頁。

領域／科目核心素養包含兩個重要的角度，一為「學習表現」，一為「學習內容」，係為各類學校學生所應培養的最低共同要求。三面九項核心素養，必須透過各領域／科目的學習而培養。其基本設計原則如下（國家教育研究院課程及教學研究中心核心素養工作圈，2015）：

1. 各領域／科目的學習有助於一或多個核心素養的養成。但是，一個領域／科目並非能涵蓋三面九項的所有核心素養。在各領綱手冊內均有呈現其各自的核心素養，是教師在設計課程時需要對照的。

2. 各領域／科目依循三面九項核心素養及各教育階段核心素養具體內涵，進而發展該領域／科目核心素養具體內涵，分國民小學（E）、

國民中學（J）、高級中等學校（U）三個教育階段敘寫，設計是兼顧進階性的概念與衍生性的概念。

3. 領域／科目核心素養具體內涵，是指在各教育階段中，不同的學科以其學科語言來呈現此教育階段中，與之呼應的該領域／科目核心素養具體內涵。所以數學、語文等各領域將依其各自的語言，產生其核心素養。

三、閱讀素養的發展與內涵

閱讀素養運用在日常生活的各個情境：從個人生活圈到公共、從學校到社區及職場、從一時的能力運用到終身學習行為。不論哪一科目或哪一領域課程，學生能否運用學習策略將決定其學習效益的關鍵，而閱讀為其中相當基本且關鍵的能力。閱讀能力的培養就是在培養學生思考能力，因此，閱讀能力的訓練不只是語文科教師的責任，每一學科領域均有閱讀能力培養的機會與必需性。

閱讀能力的表現從過去「單方向」的閱讀理解能力，學生有能力進行流暢的閱讀、理解詞彙用法和進行書寫，轉變到「全方位」的閱讀素養。除了需要基本的語文理解與運用能力，進而能夠對所閱讀內容建構意義和進行批判。PISA 考試分三個分測驗以了解考生的閱讀素養能力，呈現閱讀素養表現的認知歷程，說明如下（臺灣 PISA 國家研究中心，2011）：

（一）擷取與檢索

從文章中尋找、選擇和蒐集資訊，很多時候會因為個人主觀的意圖，以及擁有的知識而去尋找特定的文章資訊，並得到關鍵的資訊。

（二）統整與解釋

對於文本內部的統整，了解文本各部分關係，然後進行解釋並加以推論，正確解讀資訊所存在的意義。

（三）省思與評鑑

在省思文本時，讀者將知識或經驗與文本作連結。當評鑑文本時，不只利用個人的知識與經驗，也利用文本外在知識。文本中所解讀的關鍵訊息，與自己原有的知識、想法和經驗相連結，綜合判斷後，進行評鑑，提出自己的觀點。

另外，由於網路是知識擷取的重要管道，然而其訊息相當龐雜，因此在 e 化資訊時代如何進行數位訊息的搜尋與閱讀，成為現代必備能力。其歷程包括（McFarland & Klopfer, 2010）：(1) 搜尋資訊：包含界定要搜尋的目標、資訊來源搜尋、資訊蒐集等；(2) 整合與評估：使用來自多篇文章、多種訊息的觀點進行意義與需要的確認；(3) 省思與評鑑：判斷訊息的真假、事實或嘲諷、偏見等；(4) 溝通分享：包括在虛擬 e 化環境中，表達分享個人的經驗與想法等。

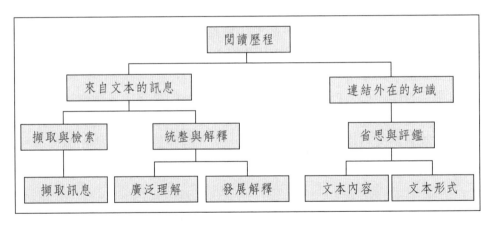

〈圖 6-4〉　閱讀素養的認知歷程

摘自：臺灣 PISA 國家研究中心（2011），6 頁。

第三節 核心素養命題與應考

　　只是劃重點、記憶背誦片段零碎知識的學習方法，將難以因應素養導向評核。測驗的重點不只是「記得多少？」，更在於「有沒有理解與思考？」、「能不能融會貫通？」、「能不能清楚及有系統地加以表達？」，亦即統整知識、邏輯推理、反思分析等能力的重要性大幅提升。因應素養導向的教育模式，除了 PISA 的國際評量外，世界各國在考試上也紛紛進行素養導向的命題。

一、國際素養考試趨勢

　　受到 OECD 主導的國際 PISA 評量，各國在高等教育入學考試上，均朝向素養命題的趨勢。以中國為例，2017 年將普通高考考試大綱方向修訂為：適度增加閱讀量，考察訊息時代和高校人才選拔要求的快速閱讀能力，以及訊息篩選處理能力。因而例如：2017 年「高考語文卷全國卷 I」，以長篇閱讀材料為主（見表 6-2）。另外，在短文閱讀第一節當中有 4 篇材料，每篇平均長度約 290 字，占總分 150 分之 30 分，其內容涵蓋（劉孟奇，2018）：

1. 太平洋科學中心（Pacific Science Center）的來訪遊客指南。
2. 一位野生動物保育志工組織人員拯救一隻貓頭鷹雛鳥的經驗。
3. 聯合國教科文組織（UNESCO）第一次「國際爵士日」的相關報導。
4. 自製太陽能蒸餾器的建構過程與原理說明。

〈表 6-2〉　中國 2017 年高考語文卷全國卷 I

類別	內容	試題材料	材料字數	題型與占分
一、現代文閱讀（35分）	（一）論述類文本閱讀	摘編自曹明德〈中國參與國際氣候治理的法律立場和策略：以氣候正義為視角〉	912（1篇）	選擇3題，9分
	（二）文學類文本閱讀	趙長天〈天噐〉	1293（1篇）	選擇1題，簡答2題，14分

類別	內容	試題材料	材料字數	題型與占分
	（三）實用類文本閱讀	摘編自楚慧萍〈多元延伸·有機互動──美國國家地理頻道運營模式初探〉	1033（3篇1圖）	選擇2題，簡答1題，12分
二、古代詩文閱讀（35分）	（一）文言文閱讀	〈宋書·謝弘微傳〉	624	選擇3題，翻譯1題，19分
	（二）古代詩歌閱讀	歐陽修〈禮部貢院閱進士就試〉	76	選擇1題，簡答1題，11分
	（三）名篇名句默寫			默寫1題，5分

說明：(1) 尚有其他部分，包括語言文字運用（20分）、作文（60分），總分150分，考試時間150分鐘。(2) 閱讀部分材料總字數是3938字。(3) 摘自：劉孟奇（2018），「大考中心主任劉孟奇新課綱命題演講」。

> **《透視鏡》　中國高考試卷**
>
> 　　中國高等教育學校簡稱高校，入學考試稱「普通高等學校招生全國統一考試」，簡稱普通高考、高考、或統一高考。由於幅員廣大，其試卷分為由教育部命題的新課標全國卷 I、全國卷 II，以及全國卷 III，和由地方自主命題的北京、上海、天津、江蘇、浙江等區域試卷。

　　又如日本 2017 年「大學入試測驗」國語試卷第一問約 4500 字長文，為討論科學傳播與科學哲學的文章，文內使用的專業術語包括 GNP、環境荷爾蒙、車諾比事件（Chernobyl disaster）、狂牛病、重力波等（在主文後面對於這些專業術語有加以註解）（見表 6-3）。

〈表 6-3〉 日本 2017 年大學入試測驗國語試卷

部分	內容	取材	材料字數	題型	占分
第 1 問	「近代以來的文章」：評論	小林傳司「科學溝通（金森修‧中島秀仁編著）〈科學論的現在〉」	約 4500 字	選擇 6 題	50 分
第 2 問	「近代以來的文章」：小說	野上彌生子的短篇小說〈秋季的一天〉	約 5700 字	選擇 6 題	50 分
第 3 問	「古文」	擬古物語中的〈木草物語〉	約 1500 字	選擇 6 題	50 分
第 4 問	「漢文」	江戶時代中期的學者「新井白石」的〈江關遺聞序〉中的〈白石教師遺文〉下卷	198 字	選擇 6 題	50 分

說明：2017 年，一份國語試卷包括 43 頁，取材現代及古典兼備。全科總分 200
　　　分，考試時間爲 80 分鐘。

摘自：劉孟奇（2018），「大考中心主任劉孟奇新課綱命題演講」。

　　由以上可知，素養導向教學與命題爲國際趨勢，勢不可當，爲現代教師必備素養能力。素養考題存在幾個重要特色，考生除了需要具備前述的素養學習條件之外，在應考時應有幾個體認：

1. 跨學科考試材料：例如：在語文科內可能選取的材料是自然的、社會的、或是公民的等其他領域或科目。

2. 必備長篇文章的閱讀能力：上千字的考試材料已爲常態。

3. 必備書寫表達能力：選擇題已不能充分考出學生的素養，因此表達成爲必備的能力。

4. 情境化：試題素材引用生活情境或學術探究情境。因爲生活情境入題，會有城鄉地區的差距，也有時間的考量。以社會情境脈絡爲例，可以包括時事或生活常見事物，如投票選舉、交通開發、人口流動、公共政策、廣告文宣、金融經濟等。

5. 整合運用能力：考察學生是否能夠整合運用知識與技能以處理訊息問題，包括閱讀理解、邏輯推理、圖表判讀、批判思考、歷史解釋辨

析、資料證據應用等。

二、臺灣素養命題與應考方向

臺灣過去幾年在各級學校入學考試命題上已開始置入素養考題，因應十二年國教課綱之課程方向，在 2022 年進行新制入學制度，試題更因此明確以素養導向命題。其具有如下方向：

1. 不超綱不偏本，但因為題材取自生活，所以題材是無範圍的。因此，學生對生活事件的體驗便很重要。
2. 材料包括連續文本及非連續文本，即圖表資料，因此不只要會讀文字，也要訓練學生會解讀圖表訊息。
3. 同樣的題目，選擇題會但要去解釋卻無法回答時，就是具有知識，但表達能力有待進步。書寫甚至於口語表達，將是素養培育的另一個重要任務。
4. 在有限的應考時間之下，若處理字詞花費過多時間，將影響學生的理解與思考處理時間，就會出現閱讀理解上的困難。
5. 核心素養考題的解題程序：包括學生可以理解文意及看懂圖表，從中掌握設問關鍵並取得資訊，再應用邏輯推理找出重點，運用既有知識破解問題。

三、閱讀素養應考

國教課綱之下，閱讀理解的重要性將更為提升，試題中的訊息量與閱讀量會有所增加，在閱讀素養測驗中學生常犯錯誤如下（林永豐，2017；柯華葳等，2019）：

1. 閱讀焦點偏重於某一段落，忽略其他段落的重要資訊。
2. 不能理解相關的說明、圖形及表格，或忽略將其與文章連結。
3. 對文章理解不精確，未能辨識不明顯卻隱含文章脈絡的真正訊息，或未能從相互牴觸的訊息中提取文章的正確訊息。若只注意到表面的干擾訊息，便會錯過文章重點。
4. 關鍵訊息未能掌握：未準確區別文章主要訊息和次要訊息，誤把次要細節當主旨，而錯誤推論。

5. 在開放問題的應答上則常出現幾種不佳表現，包括：(1) 與問題焦點無關，或不合理；(2) 答案文句用詞含糊、不準確，或完全抄襲文本句子；(3) 未能提出具體或充分證據支持自己的主張。

《透視鏡》

第7章

議題教育

在進入議題教育的討論之前，請教師先準備教育部所頒布的《十二年國民基本教育課程綱要總綱》，以及「議題融入說明手冊」（教育部，2019d）對照研讀。本書為避免占據太多篇幅，只做課程方向概述，輔以部分相關論述。

第一節　課綱之議題精神

議題（issue）乃具有討論性或爭議性的社會現象或國際問題，係基於社會或國際發展需要，或普遍被大家關注，且期待學生能理解與行動的課題（張芬芬和張嘉育，2015）。為能與社會脈動、生活情境緊密連結，期以議題教育培養學生提高對生活事物的敏感度與判別力，進而提出具體問題、批判思考，以及解決問題的能力，並提升學生面對議題的責任感與行動力。當前國教課綱設計「議題教育」之課程，引導學生除學習既有領域課程外，並藉由這些議題的教導，使學生能適切面對當代各種重要課題，成為健全個人、良好國民與世界公民，善度個體與群體生活，進而裨益和諧社會與人類福祉。

議題為具討論性的主題，在對問題尋求答案的同時，期望探討各種可能的替代答案（多元觀點），並分析各種答案背後的觀點（價值立場），進而澄清價值，選擇方案和做決定，甚至產生行動。議題的形成具有以下特性（教育部，2019d）：

一、時代性

隨著時代思潮與社會變遷，某些議題的重要性較以往更為凸顯，學校教育有必要加以重視。

二、脈絡性

各國依國際情勢與國內環境，會關注或倡議某些議題，甚至列為國家重要政策；民間團體或社群亦可能基於所追求理想，特別關注某些議題，倡議學校教育應納入該等議題。

三、跨域性

每個議題均具有跨領域的性質，使得議題需由跨領域角度去探究，以獲致較寬廣的理解，從而對爭議性的問題得以有效回應與處理。

四、討論性

社會發展中具高度討論的問題也會成為議題，社會各界對該議題可能存在對立觀點和意見。

五、變動性

世界趨勢是流動的，因社會變遷，在既有議題內涵上可能發生改變，且新議題將不斷出現。因時代更迭，議題將產生質變並有所增減。

總之，議題處理生活面對的課題，小至三餐的食安問題，大到人權與性別平等的社會議題，以及地球氣候變遷、海洋酸化的科學議題等，是每一位國民及地球村的每一人類族群應該關心的，且其攸關現代生活、人類發展與社會價值，具時代性與前瞻性。

百年來聯合國的《世界人權宣言》、《人類環境宣言》、「二十一世紀議程」及最近推動的兩公約等，展現人類追求尊重、關懷、公平及正義的成果。此外，其他議題反映出我國社會發展中所面臨的問題，例如：品德、生命，以及法治教育在回應現代社會中個人的道德準則、生命意義及行為規範的省思與實踐；科技、資訊、能源及防災教育則是強

調如何面對新興的科技發展及引發的各種問題；戶外及安全教育在關切自然環境經驗的缺失及如何在戶外安全學習；至於生涯規劃、家庭、閱讀素養及國際教育，更直接回應最近我國社會所遭遇的問題；而多元文化及原住民族教育則充分展現社會對於臺灣原住民族及多元文化背景的尊重與融合。

《透視鏡》 兩公約

指《公民與政治權利國際公約》（International Covenant on Civil and Political Rights）及《經濟社會文化權利國際公約》（International Covenant on Economic, Social and Cultural Rights）之簡稱。為了落實1948年之《世界人權宣言》，並使之具有法律拘束力，聯合國大會於1966年同時通過兩公約，要求締約國採取適當之保護、尊重措施。兩公約均於1976年正式生效。

第二節 議題教育架構與內涵

若要習得與一個議題關聯的完整知識與素養，便需在各關聯學科的脈絡中探討，學科間必須進行相互啟發與統整應用。然而，因為國教課綱各領域及科目課程已相當多，無空間另設科目，因此，108課綱的議題教育採融入式（infusing）課程發展實施。

目前國教課綱課程所列的十九項議題中，性別平等、人權及環境等教育議題，係延續九年一貫課程建構的議題教育架構及內涵，在十二年國教課綱課程發展時予以擴充而得以建立完整的知識體系。其理念回應了人類發展的反思與精進，從自我個體中心提升為認同不同性別、不同族群，甚至不同物種的價值，而且擴大對自然環境與海洋的關懷，進而實踐永續發展的願景（教育部，2019d）。與九年一貫課綱（92課綱）相較，十二年國教課綱在議題教育上有幾個變化：

1. 先前為六個議題，包括：(1) 性別平等教育；(2) 人權教育；(3) 環境教育；(4) 家政教育；(5) 資訊教育，以及 (6) 生涯發展教育。而今 108課綱延續議題課程，並增加編列為十九項議題教育（見表 7-1）。

2. 十二年國教課程總綱直接明示將十九項議題適切融入課程，不再設有獨立的議題課程綱要。

3. 議題融入採國小、國中至高級中等教育階段的十二年連貫設計，並整體融入對應各教育階段之相關領域課程綱要，達成十二年間教育銜接連貫的融入。

〈表 7-1〉　108 課綱與 92 課綱議題教育課程比較

	1.	2.	3.	4.	5.	6.	7.	8.	9.	10.	11.	12.	13.	14.	15.	16.	17.	18.	19.
108課綱議題	性別平等	人權	環境	海洋	科技	能源	家庭	原住民族	品德	生命	法治	資訊	安全	防災	生涯規劃	多元文化	閱讀素養	戶外	國際
92課綱議題	(1)ª 性別平等	(5) 人權	(2) 環境				(4) 家政					(3) 資訊			(6) 生涯發展				

ª 爲 92 課綱之列示順序

　　國教課綱中列出十九項議題，在「議題融入說明手冊」中每項議題都有列示相關教學訊息資料，包括基本理念、學習目標、學習主題與實質內涵，以及融入課程領域／科目說明（見表 7-2）。以下概述手冊中所提各議題教育之基本理念，讀者應再參考教育部（2019d）所公布的「議題融入說明手冊」做全貌的了解。

《透視鏡》　108 課綱的用詞——重大議題 vs. 重要議題

　　十二年國教課程中議題教育在編制草案時，乃將十九項議題之前四項特別列為「重大議題」，包括性別平等、人權、環境與海洋教育，指其更為國際所關注及具法源依據，其他十五項則為一般議題（張芬芬和張嘉育，2015）。經研議討論後，為落實全人教育之目標，於 2019 年「議題融入說明手冊」定稿版則未特別指稱為「重大議題」，而一律稱十九項議題為「重要議題」或「教育議題」。

一、性別平等教育

　　立基於我國《性別平等教育法》之立法理念，國教課綱期待藉由性別平等教育，以消除性別歧視，維護人格尊嚴，厚植並建立性別平等之教育資源與環境。性別平等教育在培養學生性別平等意識，啟發學生多元文化理解及批判思考能力，覺察性別權力不平等，悅納自己與他人的性別展現，進而能以具體行動消除各項歧視，使所有學生皆能在性別友善的校園中學習與成長。

二、人權教育

　　人權是人與生俱來的基本權利和自由，不得任意剝奪、侵犯。人權教育期待學生了解「人之所以為人」所應享有的基本生活條件，包括生理、心理及精神方面的發展，並檢視社會上違反人類尊嚴，以及涉及公平、平等的問題，從而採取行動，解決問題，去除阻礙人權發展的因素。藉由人權教育，加強對人權的意識、了解、尊重、包容，而能致力於人權文化的建立，共同推展人類世界的和平與合作。人權教育的中心思想是探索尊重人類尊嚴和人性的行為法則，促使社會成員意識到個人尊嚴及尊重他人的重要性，並能加強種族、族群、宗教、語言群體之間的了解、包容與發展。人權教育即是尊重與包容、自由與平等、公平與正義等觀念的教導，進而促進個人權利與責任、社會責任、全球責任的

理解與實踐。

三、環境教育

環境教育針對人類發展所引發的環境問題，進行學習、了解與行動。內容包括從 1950-1960 年代快速工業發展所產生的環境汙染問題、生物多樣性消失及資源耗竭，至目前受人矚目的氣候變遷衝擊，都是環境教育的核心標的。環境教育以環境問題的覺知、知識、態度、技能及行動為課程目標，以永續發展為終極目標，主要的核心思想是發展與環境之間的平衡，以及資源分配和環境衝擊的正義與不正義的考量。

四、海洋教育

臺灣四面環海，國民應具備認識海洋、善用海洋與愛護海洋的基本能力與情操。為實踐《聯合國人類環境宣言》與我國《國家海洋政策綱領》，達成「臺灣以海洋立國」的理想，學校應以塑造「親海、愛海、知海」的教育情境，讓學生親近海洋、熱愛海洋與認識海洋。藉由參與生動活潑且安全健康的海洋體驗活動，分享其體驗，導引熱愛海洋情操與增進探索海洋知識的興趣，進而珍惜海洋資源，並維護海洋生態平衡。

五、科技教育

科技教育旨在培養所有學生具備科技素養。科技素養是利用知識、創意、材料、資料和工具等資源採取行動，以調適環境，滿足人類需要和愛好的基本必要能力。科技教育需重視培養學生樂於學習和持續學習科技的興趣與能力，教導學生如何從生活中的需求去設計與製作有用及適用的物品，並在實作的過程中，從嘗試錯誤學得系統性思考。科技教育的基本理念是以「做、用、想」為主，培養學生動手做的能力（例如：挑選適當工具及材料）、使用科技產品的能力（例如：機具之簡易保養及故障排除、實作時的安全考量與評估），以及設計與批判科技之想的能力。

六、能源教育

我國現有能源多數仰賴國外進口，面臨能源需求持續成長、全球能源價格劇烈波動，以及石油、天然氣與煤炭等化石燃料即將枯竭等重大議題，需喚起學生重視能源，培育對能源實質內涵的知能，養成節約能源的態度，認識開發新興能源的可能方向，以降低能源枯竭之衝擊。能源教育在培養學生的能源素養，包括能源的基本概念及知識、正確能源價值之觀念，強化節約能源之思維、習慣和態度等均可融入各領域的重點。藉教育政策之延伸以融入能源認知素養之教育，普及各級學校將能源教育融入課程教學，進而擴展至社會對能源開發和應用之重視，形塑全民對開源節流及能源新利用技術之共識。

七、家庭教育

《家庭教育法》（2019）第 2 條指出，家庭教育係指具有增進家人關係與家庭功能之各種教育活動。家庭是每個人出生、成長、茁壯、老年安適的生活場所，家庭教育帶領學生學習主動分享與關心家庭成員、提升與家人的互動關係、創造家人共好的生活環境。學校家庭教育的內涵與目標呼應了十二年國民基本教育課程所指出的「啟發生命潛能」、「陶養生活知能」、「促進生涯發展」、「涵育公民責任」的總體課程目標。

八、原住民族教育

臺灣本為多元族群社會，自憲政改革後，我國基本國策宣示尊重原住民族多元文化及其民族意願，教育政策亦依據此原則進行調整，包括《原住民族基本法》（2018）強調「政府應依原住民族意願，本多元、平等、尊重之精神，保障原住民族教育之權利。」《原住民族教育法》（2021）亦明言原住民族教育的目的在於「維護民族尊嚴、延續民族命脈、增進民族福祉、促進族群共榮」。為保障原住民族文化傳承的集體權利，以及促進族群間的相互了解。

原住民族教育應學習包容與認同多元文化的多樣性，教育學生以同等地位不歧視的角度對待與認同原住民族各族群朋友（吳毓真，2019）。

九、品德教育

　　品德教育包含品格與道德教育，指培育學生具備品德核心價值與道德發展的知能，期以養成知善、樂善與行善兼具的品德素養，使個人與社群都能擁有幸福、關懷與公平正義的生活。品德教育在當前面臨嚴峻挑戰與多元價值之際，期以自由、民主、專業與創新原則，得以選擇、批判、轉化與重建品德教育，並以新思維與新行動，共同推動公民資質的扎根與提升。

十、生命教育

　　徒具才能卻欠缺為人之素養者對社會、人群所造成的危害，往往比不具才能者更甚，因而生命教育主張「人才培育」應以「人的培育」為基礎。生命教育探索生命的根本課題，包括人生目的與意義的探尋、美好價值的思辨與追求、自我的認識與提升、靈性的覺察與人格的統整，藉此引領學生在生命實踐上知行合一，追求幸福人生與至善境界。

十一、法治教育

　　在價值與利益多元的民主社會，其秩序之形成與維護，乃需仰賴以國家強制力為後盾之法律規範。人民必須具備基本之法律素養，而能在實際的社會生活中，參與民主憲政之運作，尊重他人之權利，也會伸張自己的權利，履行法律上的義務，追求人權保障與公平正義之法律核心價值。法治教育在培養現代公民之法律基本素養，包括能實踐公平正義之理念、認識法律與法治的意義、理解人權保障之憲政原理與原則、具備法律之實體與程序之基本知識與技能等。

十二、資訊教育

　　傳統側重資訊科技之操作與應用的教學方式，已不敷時代需要。資訊教育的趨勢已從資訊與通訊科技的學習，演變為問題解決與運算思維等高階思考技能之培養，資訊教育應著重於培養公民在資訊時代中，能有效使用資訊科技之思維能力，使其能運用資訊科技與運算思維解決問題、溝通表達與合作共創，並建立資訊社會中公民應有的態度與責任，

以滿足資訊時代中生活與職涯之需求。

十三、安全教育

安全教育的目的在於防範事故傷害的發生，提高生活品質。教導學生確保生命安全，避免非預期的各種傷害。防範事故傷害的發生，安全教育是第一道防線，因此安全教育是使學生對整個環境做正確與有效的判斷，具敏感性和警覺性，妥善的安排與預防，建立自我安全意識，以因應生活需要，保障生命財產安全，享受健康安全的生活。

十四、防災教育

根據世界銀行（World Bank）2005 年「天然災害熱區：全球性風險分析」的研究報告，臺灣是天然災害的高風險區，有 73% 的土地面積與人口同時暴露在三項以上天然災害威脅中，都是世界第一，而有 90% 的土地及人口暴露在兩項以上天然災害之中。天然災害是臺灣人民必須面對的威脅。921 地震、莫拉克風災等曾經為慘痛衝擊。如何從認識天然災害成因、災害風險的管理，以及災害防救的演練，以降低災害的影響，是國民基本教育必須教授的課題。

十五、生涯規劃教育

生涯發展是指個人一生發展過程中，在家庭、學校、社會等不同場域所從事的工作，以及所扮演角色的整合。個人生涯發展除具有時空連續及全面生活之特性外，也包括個人獨特性與主觀性，以及對個人未來視野的擴展等涵義。因此，個人整體生活品質的滿意及快樂，與其生涯發展密切相關。在協助個人進行生涯規劃時，應當涵蓋對個人特質及興趣的了解，對工作／教育環境的認識與適應，以及對發展過程中重要事件的決定、計畫和行動，並培養學生具備洞察未來與應變的能力。

十六、多元文化教育

我國《教育基本法》（2013）中，主張多元文化教育的精神。臺灣為多族群融合之移民社會，加上全球化發展趨勢，文化交流頻仍等，

更凸顯多元文化教育議題之重要性。多元文化教育是尊重差異，考量不同文化觀點之教育，藉由教育協助學生對不同的種族、族群、階級、宗教、性別、語言等文化型態發展多樣性的認識與態度，從了解、接納，進而尊重與欣賞，減低對不同文化的偏見及刻板印象，發展跨文化素養，並有意識的覺察與批判主流預設的價值及運作，使不同群體與文化均有發聲及平等參與社會各項活動之機會，涵養自我省思與行動實踐社會正義的能力。

十七、閱讀素養教育

臺灣學生在 PISA 與 PIRLS 等國際成就評量的表現，成為語文教育改革的重要指標。語文教育的趨勢已朝向培養公民多元的閱讀素養，以厚植學習的根基，迎接二十一世紀的挑戰。有閱讀素養的讀者具有批判思考能力，能體察不同的社會、文化情境脈絡的差異，了解如何與文本、與作者、與環境及與其他讀者進行交流，解決閱讀理解的問題。而因應數位時代，有閱讀素養的讀者，更需要發展檢索文本、取得資訊，以及判讀資訊以解決問題的能力（閱讀素養的教導，參看本書第六章）。

十八、戶外教育

戶外教育提供真實情境的體驗，創造有意義的學習機會，喚起學習的渴望和喜悅，增進求真、友善、美感的多元學習價值，並營造萬物可為師、處處可學習的學習氣氛，進而創造支持戶外學習的環境。戶外教育是十二年國民基本教育課程實踐全人教育精神的重要一環，協助落實「自發」、「互動」及「共好」的教育理念，並能引導學校師生進行自發主動的學習。

十九、國際教育

在全球化的趨勢下，國際競爭不再是傳統的數量與價格的競賽，而是創意與價值的競爭，而人力資源乃是決定競爭力強弱的關鍵因素。面對社會、經濟與科技的快速變遷和競合需求，教育需要跳脫傳統的框

架，邁向創新的思維。面對全球化的發展，教育必須添加國際化的學習元素，落實國際化人才的培育。透過教育國際化的過程，讓學生了解國際社會，發展國際態度，培育具備國家認同、國際素養、全球競合力、全球責任感的國際化人才。

聯合國教科文組織（UNESCO）定義國際教育為一促進國際理解的教育，學校透過跨國或跨文化教育活動，將全球化的議題融入其中，協助學生以地球村的觀點出發進行學習（謝念慈和陳政翊，2020）。

第三節　議題教育教導

一、議題教育之主題與科目融入

議題教育可用不同策略融入各領域課程，就學科屬性在教學的歷程中適時、適切地融入議題教育內涵，引導學生對議題覺察、省思、知能與行動。「議題融入說明手冊」中每項議題均列出三個學習目標，涵蓋了知識、能力與態度的元素（見表7-2），每個主題下有編列國小（E）、國中（J）及高中（U）三個教育階段的實質內涵，為教師在課程設計時所必須依據，編寫教案時也要附上各個對應的編碼，不可更改（見第十章「教案」一節）。國教課綱中每個領綱附錄中都有「議題適切融入領域課程綱要」，並提出議題適切融入各領域課程綱要學習重點舉例說明，供教師參考。

「議題融入說明手冊」中提及議題教育應以融入各科目為重要的教導手段，並且明列各議題的關聯科目。作者依其中所提及的順序呈現於表7-3，推估議題與各領域課程間的關聯輕重。然而，主題與科目之間的相關性不是絕對的，依設計的教導內涵也有一定的變動，因此，手冊中所列示的只是較常見的關聯方向。

〈表 7-2〉 十九項議題的學習目標與學習主題

議題	學習目標	學習主題	納入 [a]
1.性別平等	(1) 理解性別的多樣性，覺察性別不平等的存在事實與社會文化中的性別權力關係；(2) 建立性別平等的價值信念，落實尊重與包容多元性別差異；(3) 付諸行動消除性別偏見與歧視，維護性別人格尊嚴與性別地位實質平等。	(1) 生理性別、性傾向、性別特質與性別認同多樣性的尊重；(2) 性別角色的突破與性別歧視的消除；(3) 身體自主權的尊重與維護；(4) 性騷擾、性侵害與性霸凌的防治；(5) 語言、文字與符號的性別意涵分析；(6) 科技、資訊與媒體的性別識讀；(7) 性別權益與公共參與；(8) 性別權力關係與互動；(9) 性別與多元文化	學
2.人權	(1) 了解人權存在的事實、基本概念與價值；發展對人權的價值信念；(2) 增強對人權的感受與評價；(3) 養成尊重人權的行為及參與實踐人權的行動。	(1) 人權的基本概念；(2) 人權與責任；(3) 人權與民主法治；(4) 人權與生活實踐；(5) 人權違反與救濟；(6) 人權重要主題	學
3.環境	(1) 認識與理解人類生存與發展所面對的環境危機與挑戰：探究氣候變遷，資源耗竭與生物多樣性消失，以及社會不正義和環境不正義；(2) 思考個人發展、國家發展與人類發展的意義；(3) 執行綠色，簡樸與永續的生活行動。	(1) 環境倫理；(2) 永續發展；(3) 氣候變遷；(4) 災害防救；(5) 能源資源永續利用	學

議題	學習目標	學習主題	納入 [a]
4.海洋	(1) 體驗海洋休閒與重視戲水安全的親海行為；(2) 了解海洋社會與感受海洋文化的愛海情懷；(3) 探究海洋科學與永續海洋資源的知海素養。	(1) 海洋休閒；(2) 海洋社會；(3) 海洋文化；(4) 海洋科學與技術；(5) 海洋資源與永續	學
5.科技	(1) 具備科技哲學觀與科技文化的素養；(2) 激發持續學習科技及科技設計的興趣；(3) 培養科技知識與產品使用的技能。	(1) 科技知識；(2) 科技態度；(3) 操作技能；(4) 統合能力	核
6.能源	(1) 增進能源基本概念；(2) 發展正確能源價值觀；(3) 養成節約能源的思維、習慣和態度。	(1) 能源意識；(2) 能源概念；(3) 能源使用；(4) 能源發展；(5) 行動參與	學
7.家庭	(1) 具備探究家庭發展、家庭與社會互動關係及家庭資源管理的知能；(2) 提升積極參與家庭活動的責任感與態度；(3) 激發創造家人互動共好的意識與責任，提升家庭生活品質。	(1) 家庭的組成、發展與變化；(2) 人際互動與親密關係發展；(3) 家人關係與互動；(4) 家庭資源管理與消費決策；(5) 家庭活動與社區參與	學
8.原住民族	(1) 認識原住民族歷史文化與價值觀；(2) 增進跨族群的相互了解與尊重；(3) 涵養族群共榮與平等信念。	(1) 原住民族語言文字的保存及傳承；(2) 認識部落與原住民族的歷史經驗；(3) 原住民族的名制、傳統制度組織運作及其現代轉化；(4) 原住民族文化內涵與文化資產；(5) 原住民族土地與生態智慧；(6) 原住民族營生模式	學

議題	學習目標	學習主題	納入ª
9. 品德	(1) 增進道德發展知能；(2) 了解品德核心價值與道德議題；(3) 養成知善、樂善與行善的品德素養。	(1) 品德核心價值；(2) 品德發展層面；(3) 品德關鍵議題；(4) 品德實踐能力與行動	核；科
10. 生命	(1) 培養探索生命根本課題的知能；(2) 提升價值思辨的能力與情意；(3) 增進知行合一的修養。	(1) 哲學思考；(2) 人學探索；(3) 終極關懷；(4) 價值思辨；(5) 靈性修養	核；科
11. 法治	(1) 理解法律與法治的意義；(2) 習得法律實體與程序的基本知能；(3) 追求人權保障與公平正義的價值。	(1) 公平正義之理念；(2) 法律與法治的意義；(3) 人權保障之憲政原理與原則；(4) 法律之實體與程序的知識與技能	學
12. 資訊	(1) 增進善用資訊解決問題與運算思維能力；(2) 預備生活與職涯知能；(3) 養成資訊社會應有的態度與責任。	(1) 運算思維與問題解決；(2) 資訊科技與合作共創；(3) 資訊科技與溝通表達；(4) 資訊科技的使用態度	核；科
13. 安全	(1) 建立安全意識；(2) 提升對環境的敏感度、警覺性與判斷力；(3) 防範事故傷害發生以確保生命安全。	(1) 安全教育概論；(2) 日常生活安全；(3) 運動安全；(4) 校園安全；(5) 急救教育	學
14. 防災	(1) 認識天然災害成因；(2) 養成災害風險管理與災害防救能力；(3) 強化防救行動之責任、態度與實踐力。	(1) 災害風險與衝擊；(2) 災害風險的管理；(3) 災害防救的演練	學
15. 生涯規劃	(1) 了解個人特質、興趣與工作環境；(2) 養成生涯規劃知能；(3) 發展洞察趨勢的敏感度與應變的行動力。	(1) 生涯規劃教育之基本概念；(2) 生涯教育與自我探索；(3) 生涯規劃與工作／教育環境探索；(4) 生涯決定與行動計畫	科

議題	學習目標	學習主題	納入 [a]
16. 多元文化	(1) 認識文化的豐富與多樣性；(2) 養成尊重差異與追求實質平等的跨文化素養；(3) 維護多元文化價值。	(1) 我族文化的認同；(2) 文化差異與理解；(3) 跨文化的能力；(4) 社會正義	核
17. 閱讀素養	(1) 養成運用文本思考、解決問題與建構知識的能力；(2) 涵育樂於閱讀態度；(3) 開展多元閱讀素養。	(1) 閱讀的歷程；(2) 閱讀的媒材；(3) 閱讀的情境脈絡；(4) 閱讀的態度	核
18. 戶外	(1) 強化與環境的連接感，養成友善環境的態度；(2) 發展社會覺知與互動的技能，培養尊重與關懷他人的情操；(3) 開啟學生的視野，涵養健康的身心。	(1) 有意義的學習；(2) 健康的身心；(3) 尊重與關懷他人；(4) 友善環境	學
19. 國際	(1) 養成參與國際活動的知能；(2) 激發跨文化的觀察力與反思力；(3) 發展國家主體的國際意識與責任感。	(1) 國家認同；(2) 國際素養；(3) 全球競合力；(4) 全球責任感	核

a：指該議題納入核心素養（核）、有設單獨領域／科目（科）、或有被領域／
　　科目納為學習重點（學）。
摘自：教育部（2019d），「議題融入說明手冊」。

二、議題教育課程形式

　　一個議題通常會涉及各種知能，教學時應從多領域、多科目、多時機去實施課程，教師應理解議題課程的精神與內涵，將議題有系統地或隨機地融入教學中，包括正式課程、非正式課程，以及潛在課程三種形式實施。

〈表 7-3〉 十九項議題教育之科目融入

108課綱議題	1. 性別平等	2. 人權	3. 環境	4. 海洋	5. 科技	6. 能源	7. 家庭教育	8. 原住民族	9. 品德	10. 生命	11. 法治	12. 資訊	13. 安全	14. 防災	15. 生涯規劃	16. 多元文化	17. 閱讀素養	18. 戶外	19. 國際
語文	5	5	5	3			5	1	&		1	2				2	&	&	&
數學	10	8	6	4	4		6		&							&	&	&	&
自然	8	9	1	1	2	2		3	&				1	1	4	&	&	&	&
社會	3	3	2	2	3		3	2	&		3	3				&	&	&	&
生活	1	1					1		&		1				5	&	&	&	&
綜合	2	2	3				2		&	4	4		3	2	1	&	&	&	&
健體	4	4	4				4		&	2			2			&	&	&	&
藝術	6	6	7				7		&	6					3	&	&	&	&
國防	7	7							&				4	3		&	&	&	&
科技	9	10			1	1			&	5		1				&	&	&	&

註：(1) 本表依教育部所公布的「議題融入說明手冊」明列各議題之融入科目，並依其提及之順序標記；(2) 空白格為手冊中未特別提及的領域，而只描述「其他相關領域亦可以融入」，意即仍可能依課程主題設計融入；(3) 指出「所有科目均應融入」而未明列特別科目者，以「&」表示。

（一）正式課程

「議題融入說明手冊」中列出三種正式課程形式（見表 7-4）。

1. 議題融入正式課程：此類課程建立於原有課程架構與內容，當領域／科目「學習重點」有與議題「實質內涵」相近之內容時，可以進行兩者之連結或延伸，讓兩者得以扣合（教育部，2019d）。可在原有領域／科目／學習活動中，再行加入議題作為其中一部分，也可作附

〈表 7-4〉　議題融入正式課程類型

課程類型	融入領域	課程實施時間
議題融入正式課程	相關領域課程	該領域教學時間
議題主題式課程	多領域	彈性學習課程／時間、涉及之領域教學時間
議題特色課程	多領域	校訂課程

摘自：教育部（2019d），「議題融入說明手冊」，13 頁。

加一或數單元；可以集中在一領域／科目／學習活動中，也可分散在相關的幾個領域／科目。在議題融入現有課程中實施，使學生可因多元視角的學習，獲致較完整透澈的知能，亦可解決課程教學負擔的問題。根據「議題融入說明手冊」所提醒，十九項議題納入課程核心素養的有七項、有設單獨領域／科目的有四項、有被領域／科目納為學習重點的有十一項（見表 7-2 最右欄，摘自教育部，2019d）。為使各領域／科目課程綱要均能適切轉化與統整融入議題，在各領域課程綱要中，均有附錄呈現各議題的學習目標、議題學習主題／實質內涵及融入學習重點示例。

2. 議題主題式課程：擷取某單一議題之其中一項學習主題，發展為議題主題式課程。主軸是議題的學習主題，而非原領域／科目課程內容，故需另行設計與自編教材，常以多領域課程進行。例如：安排數週為一單元的微課程形式，將議題置入「彈性學習課程」中。

3. 議題特色課程：國教課綱規定國中小教育階段的彈性學習課程，可開設「議題探究課程」，配合課程計畫，因應地區特性與學生需求，將議題融入彈性學習課程中，成為「特色課程」；在高中教育階段則可將議題融入／納入「校訂課程」中，規劃為必修或選修科目，亦可於「彈性學習時間」實施。

　　正式課程不論是單一議題或多議題整合進行，通常需要跨領域課程教師的團隊合作，以協力發展跨領域的議題教育教材。雖有其難度且費時，但因是更有系統的課程設計，並輔以較長的教學時間，有助於學生對議題的完整與深入了解。

（二）非正式課程

指非修習學分內的課程，但是為全校性或班級性的正式活動，常見在「團體活動時間」實施。這些活動可由學校課發會進行設計，亦可由個別教師或教師社群自發進行。

1. 可配合傳統節日、紀念日、社會時事，設計「議題週」，例如：家庭教育週安排在 5 月 15 日當週、人權教育安排在 12 月 3 日當週。
2. 利用國家慶典或校慶、畢業典禮、觀摩會等，以象徵議題精神與內涵的行為來溝通理念，例如：辦理展覽、座談會、專題演講、研討會。
3. 舉辦體驗營／研習營，讓學生有機會更深入了解各議題之精神與內涵。
4. 以競賽等來傳達理念，例如：海報設計比賽、書籤設計比賽、作文比賽、辯論比賽、有獎徵答、漫畫比賽、影音設計比賽等。
5. 學生活動：安排班級活動、校際活動、社團活動、戶外教育活動等。例如：將議題轉化為班會討論提綱，增進議題課程之成效。

《透視鏡》　國際家庭日（International Day of Families）

1993 年聯合國社會發展委員會訂定每年 5 月 15 日為「國際家庭日」，希望促使全球各地持續重視家庭為社會的基本單位，提高大眾對有關家庭問題的警覺性，並作出適當的行動。

《透視鏡》　國際身心障礙者日
（International Day of Persons with Disabilities）

又稱世界身心障礙者日，是聯合國紀念活動。1992 年聯合國大會通過決議，確定自 1992 年開始，每年 12 月 3 日為國際身心障礙者日，提倡身心障礙者公平均等的機會，促使社會更加友善。

（三）潛在課程

　　形塑具議題理念的校園，營造學習環境，經由潛在課程，將議題教育落實於日常生活實踐中。

1. 境教：將議題相關教材布置在環境之中產生境教的效果，可利用校園空間設置議題櫥窗、展示布告欄，以及校刊專欄等。

2. 身教：由教師及職工身體力行，產生薰陶的身教作用。例如：教師與特教生良好互動，讓同學感受教師接納與尊重特教生的人權態度，進而能與特教生友善互動。

3. 制教：制定及執行議題相關的規章、制度與獎懲辦法，融入程序正義理念、內涵，並加以落實。例如：建制學校垃圾分類制度。

4. 活動：藉由年終捐款點燈活動或社會服務機構之參訪活動，產生潛移默化的教育效果。

5. 隨機教學：把握任何一個隨時發生的議題教育機會，與學生進行對談討論。例如：社會領域課程中同學做影片報告，可在適當的時候傳輸某個相關議題觀點。

三、議題教導

（一）課程發展

1. 張芬芬和張嘉育（2015）指出，在 108 課綱中十九項議題融入課程的層級與方式主要有四，包括課綱、教科書、學校與個別教師，四層級均有其重要角色，影響著議題教育的效益。

2. 進行議題融入時，可就理念與目標相關程度較高之議題進行整合，例如：針對「性別平等、人權、原住民族」、「環境、海洋、安全、戶外」、「資訊、科技」或「國際、多元文化、原住民族」進行整合之規劃，可促進學生統整學習。

3. 學校應重視議題課程的統整與系統發展，於學期前與學期間召開融入相同議題之不同領域／科目間的「領域／科目教學研究會」聯席會議，落實相關議題融入各領域／群科／學程／科目間之橫向聯繫與統整，以及年段間的系統與邏輯發展。

4. 在議題教育過程應引導學生發現問題，進行價值澄清、判斷的反思，尋求解決方法，從實證觀點與多元觀點中進行判斷、選擇、決定、產生行動，以培養學生養成主動學習的習慣及解決問題的能力（王雅玲，2018）。本書第三章焦點討論等方法，是在議題教育中很好的教學技巧。

5. 可視學生性向、社區需求及學校發展特色，於彈性學習課程／彈性學習時間及校訂課程，或成立社團等加以規劃與實施，並與相關活動及校園文化形塑緊密配合，以發揮議題教育之全面性教育功能。

（二）學生條件

1. 教材之編選應以學生經驗為中心、選取與生活連結之教材，並掌握議題之基本理念與不同教育階段之實質內涵，以學習心理之連續發展原則，連結領域特點組織成有效教材，以達成議題之學習目標。

2. 國小學生的生活接觸面較窄，在國民小學教育階段應盡量選擇以本土的、配合時事的、或與學生經驗相關的題材為優先。引導學生學習關心生活議題，並習得生活中相關議題的處理（吳毓真，2019）。

（三）法規

教育的實施，須留意相關法規之規範。例如：

1. 《家庭教育法》（2019）第 13 條規定：高級中等以下學校每學年應在正式課程外實施四小時以上家庭教育課程及活動；另應會同家長會對學生及其家長、監護人或實際照顧學生之人辦理親職教育。

2. 《性別平等教育法》（2018）第 17 條規定：國民中小學除應將性別平等教育融入課程外，每學期應實施性別平等教育相關課程或活動至少四小時。高級中等學校及專科學校五年制前三年應將性別平等教育融入課程。

3. 《環境教育法》（2017）第 19 條規定：高級中等以下學校每年應訂定環境教育計畫，推展環境教育，所有員工、教師、學生均應參加四小時以上環境教育。

　　「議題融入說明手冊」中指出，十九項議題中有八項涉及教育相關法律及國家政策綱領之議題（教育部，2019d），教師在設計課程時應予以留意：

1. 性別平等教育：《性別平等教育法》、《性別平等政策綱領》、《消除對婦女一切形式歧視公約施行法》等。
2. 人權教育：《公民與政治權利國際公約及經濟社會文化權利國際公約施行法》、《兒童權利公約施行法》、《身心障礙者權利公約施行法》等。
3. 環境教育：《環境教育法》、《國家環境教育綱領》等。
4. 海洋教育：《國家海洋政策綱領》等。
5. 科技教育：《科學技術基本法》等。
6. 能源教育：《能源發展綱領》等。
7. 家庭教育：《家庭教育法》等。
8. 原住民族教育：《原住民族基本法》、《原住民族教育法》、《原住民族語言發展法》等。

　　另外，在議題教育實施時，相當仰賴與社區連結的議題教育資源，教師應多留意生活環境中的教學資源運用。此部分留待「第十章課程設計與教學資源」中進行描述。

《透視鏡》

第8章

探究與實作指導

探究與實作（inquiry and practice）是十二年國教課綱中的新措施，在自然科學領域及社會領域均有規劃「探究與實作」課程。此外，學生也可在自主學習課程中自行規劃進行。

第一節 探究與實作的意義與架構

為了彰顯學生的主體性，主張教師除了要關注學生知識的吸收及技能養成外，也應注重學生擁有學習的策略與方法。探究與實作充分展現了學生自主學習能力與態度，因此在國教課綱中成為相當重要的一個課程。探究與實作不僅是科學研究的必經歷程，也是培養個人科學素養的起點。

在過去進行實驗課程時，教師依循實驗手冊的步驟帶領學生進行實驗程序的操作，目的在「驗證」教師課堂上傳遞的知識。學生對於課程照單全收，不應質疑其中的正確性，也不需思考是否存在其他可能答案，故常導致學生不知道其中步驟的意義，阻礙探究、論證的行為表現。探究與實作希望避免學生陷入學科知識，要求學生經由觀察思考後去發現問題，提出假說或建構模型，再設計實證方案去驗證假說的對錯或模型的適切性，最後針對實證結果適切發表。探究與實作課程著重「程序性知識」的養成，講求學生透過操作程序的分解訓練、校正錯誤，累積經驗、學會探究實作的各個步驟（陳盈螢和許家齊，2020），國教課綱強調學生素養導向能力養成。探究與實作能應用所學，透過實踐力行而彰顯全人發展，期待學子「學了要會用，用了要會

實踐。」其中課程必須具有以下幾個特質:

1. 探究生活中的事實:訓練學生在生活中觀察、思考、發現問題。
2. 學習方法:訓練學生發展解答方案的實證能力,學得帶得走的能力。
3. 跨科學習:因為生活中的事物總是跨越領域知識,因此以主題式學習,訓練學生在實作中運用跨科的知能解決日常生活問題的能力。
4. 自主參與:能夠引發學生學習的樂趣與興趣,不是被動接受課程。
5. 有操弄或實作的過程:在其中做、用、想,或操弄自變因(variable,或稱變項)、控制干擾變因、觀察或分析依變因等。
6. 發展與溝通:發表成品並省思檢討,例如:檢討自己實作過程中遇到的困難、研究後獲得的啟發與成長、與時事的連結及看法等。

第二節　國教課綱之探究與實作

　　自然科學領域的探究與實作課程,任務在探究與實作論點或模型,主要從中學習科學方法然後預期有能力去實作成品、有能力去了解為什麼有那些結果。社會領域的探究與實作屬於加深加廣的選修課程,目標更期待學生有能力自己進行探究實作後發現結果。「探究」與「實作」是相輔相成的,兩者均依賴著經歷觀察、研究計畫的設定與實施、發表等的科學歷程。在課程中學生動手做、有想法、去分析、去溝通,學習使用既有的資訊了解系統性的知識。

一、自然科學探究與實作

　　國教課綱在高中教育階段將自然科學領域規劃必修 12 學分,包括物理、化學、生物、地球科學各 2 學分,另外加上主題式「探究與實作」課程 4 學分。這些均為部定必修課程,且皆為學測考科範圍。希望不管文組還是理組的學生,都能學得應用科學的方法,培養學生能學得符合科學論證的知識。自然科學探究與實作乃延續國民小學及國民中學教育階段「探究與實作國民科學素養」之培育,其學習重點分為「探究學習內容」和「實作學習內容」兩部分。

1. 探究課程:探究學習內容培養學生認識物質與生命世界的現象,乃

包括發現問題、規劃與研究、論證與建模、表達與分享四個主要項目，再細分共十四個項目（見表 8-1），主要透過提出假說後蒐集資料，在產生論證後用科學語言溝通。探究課程常有變因的操弄，可以約略分為兩種方向：一為驗證性，將既存的論點進行探究後驗證，結果可能更為肯定原既存的論點，也可能予以反駁；二為探索性，是未存在既定的論點或論點不明確，可能是綜合資料後而推論出一個結論。

2. 實作課程：實作學習內容為可進行實際操作的科學活動，例如：觀察、測量、資料蒐集與分析、歸納與解釋、論證與結論等。其程序經歷觀察再規劃設計後蒐集分析資料，而後展現數據以圖表溝通並建立模型。實作學習課程內容為含有探究本質的實作活動，藉由動手操作以蒐集／觀察資訊，歸納資料後解釋結論，進而預測現象，也可以約略分為兩種方向：一為封閉式，將既存的模型藉由資料蒐集後得到驗證；二為探索式，是未存在既定的模型或模型不明確，自己去找尋工具或自己建立模組，綜合資料後推論出一個結論，去嘗試建立可能的架構。

〈表 8-1〉　探究學習內容

主要項目	發現問題	規劃與研究	論證與建模	表達與分享
項目	觀察現象	尋找變因或條件	分析資料和呈現證據	表達與溝通
	蒐集資訊	擬定研究計畫	解釋和推理	合作與討論
	形成或訂定問題	蒐集資料數據	提出結論或解決方案	評價與省思
	提出可驗證的觀點		建立模型	

　　自然科學領域課程綱要內指出：各學習階段應重視並貫徹探究與實作的精神與方法，提供學生統整的學習經驗，以綜合理解運用自然科學領域七項跨科概念，即物質與能量、構造與功能、系統與尺度、改變與穩定、交互作用、科學與生活、資源與永續性。教育部（2018a）指出

此七項同為物理、化學、生物、地球科學之概念。探究與實作乃具有跨科的學習素材、多元的教法與評量方式，探索科學知識發展與科學社群運作的特徵，藉此認識科學本質。在探究與實作課程中「形成假說」、「論證與建模」等為較高層次的概念，適合培養國中以上學生，其他各項適合國小高年級以上學生。國小低年級學童，建議不必要求理解每項探究與實作的意涵，只需在親師的指導下進行動手操作與觀察即可。其中建模是尋找因素之間的關係，做一個穩定的連結，例如：方程式、結構型態等。

二、社會探究與實作

國教課綱社會領域在高中教育階段，規劃歷史、地理、公民與社會加深加廣選修課程共 24 學分。其中歷史、地理與公民各科目均規劃 2 學分的探究與實作選修，即歷史學探究、地理與人文社會科學研究、公共議題與社會探究。社會領域課綱內容指出，社會探究與實作活動程序包含「發現與界定問題」、「觀察與蒐集資料」、「分析與詮釋資料」及「總結與反思」（教育部，2018b）。很多學校在高三時開設社會領域的探究與實作，雖然不是部定必修，但也將納入升學的「分科測驗」，其修課紀錄並常成為人文法商管等領域學生必要的高中學習成果。109 年 5 月招聯會公布「111 學年度大學申請入學參採高中學習歷程資料查詢系統」，唐俊華（2020）就財經、法律、外語等領域學系進行彙整分析，指出有六至七成學系將社會領域探究與實作課程表現作為課程學習成果評核的一部分，成為進入人文法商管等領域專業學習的基本條件。

學生可在社會領域探究與實作課程中，藉由有興趣的議題培養探究社會科學的知識。如果有志往人文法商管領域發展的高中生可在課程報告主題預作規劃，例如：呈現與產業發展、商業經濟有關的成果，或者探究與社會議題相關的主題（唐俊華，2020）。

三、探究與實作課程實務運作

　　探究與實作課程一般以十八週的時間進行，有的教師會在課程的前兩三週先介紹探究與實作的概念，依所訂的主題方向帶領學生從日常生活去認識與主題有關的訊息，再引導學生從生活問題轉化到科學問題，以便進行探究與實作，包括如何從生活中思考與發展問題、如何進行探究與實作、如何寫報告等。在進行探究與實作的歷程後，課程結束前留有發表分享的課程節數。探究與實作課程應注意幾件教學重要任務：

1. 整合知識、技能與態度：思考可以怎麼做？要整合哪些知識？運用哪些技能？培養哪些態度？
2. 情境脈絡化的學習：是否存在故事或典故？鋪陳情境的重點，並與生活情境呼應。
3. 學習方法及策略：運用哪些策略、如何活用實踐的表現，以及成果如何展現。
4. 發展評量工具：探究與實作課程中，教師可以學習單引導學生思考，並以試題評估學生的學習表現。另外，不僅於紙筆測驗，更需要運用實作評量等多元評量，以了解學生實際作品的表現。如表 8-2 是操作技能的實作評量具體指標範例。

〈表 8-2〉　實作作品評核指標範例

操作技能	
A. 優秀	設計組裝模型物件時，能表現良好的製作技巧，並能精進改良。
B. 良好	設計組裝模型物件時，能表現良好的製作技巧。
C. 基礎	設計組裝模型物件時，能依據製作程序完成作品。
D. 不足	設計組裝模型物件時，僅能完成作品的部分結構。
E. 落後	未達 D 級。

第三節　探究與實作步驟

　　探究與實作是一科無課本的課程，沒有固定教具，也沒有既定流程，課程多是教師自己設計，因此各校課程間存在相當的差異。探究與實作強調讓學生有更多動手操作與思考的機會，期待學生觀察現象後，能連結背後可能的知識，以培育其「終身學習」的素養。學校多以協同教學方式進行，教師則必須有能力及視野依探究的主題和實作活動設計課程。探究與實作是窮究事物之理的科學方法，進行課程時，學生應先了解其流程並掌握其中關鍵名詞。

一、發現問題

　　「探究」是「為問題尋求解答」，因此需要先確定要研究的問題是什麼？設計探究問題需要思考幾個面向：研究問題有沒有價值？是否已經存在解答？即藉由文獻探討了解先前是否有學者已做過一樣的主題，結果如何等之面向。另一方面，要注意探究問題是否具有「可驗證性」（testability），以免無法擁有客觀具體的檢驗過程。對於國教階段的學生，此課程的目標主要在培養學生探究的能力與態度，而非有偉大的發現或能發表於學術期刊，因此只需著重在可行性與安全性即可。

　　發現與建構問題是問題解決的第一步，素養導向課程更強調生活情境脈絡的鋪陳。教師應帶領學生從生活問題轉化到科學問題，可以從以下幾個面向考量：

1. 要對什麼現象進行觀察：可能基於什麼樣的經驗有了猜測、產生疑問，例如：
   (1) 探究問題：「基於外婆常常叨唸『天氣冷了，我的血壓又要飆升』，所以我認為天氣可能與血壓有一定的關係。」
   (2) 實作問題：「基於節慶賀辭簡訊滿天飛，好像有些形式的簡訊傳播得較廣、更受歡迎，所以我想分析其中簡訊的特質。」
2. 從現象敘述轉化成問題描述，例如：「氣溫與血壓是否存在關聯？」、「傳播廣的節慶簡訊特質為何？包括簡訊中字數、色彩、線條等的分布情形為何？」

3. 是一個可被探究的問題：思考可被探究的問題關鍵元素有哪些？是否存在變因？

4. 問題應清楚具體：具體指出要探索的變化因素，即變因（variable）。例如：「探究血壓變化」不是恰當的探究問題，因為沒有指明要探究的「操弄變因」是什麼。必須先釐清與定義變因後加入操作，例如：「天氣對血壓的影響」，必須對「天氣」界定清楚，如氣溫。

二、提出假說

　　科學發展過程中，科學家經常會提出假說（hypothesis，或稱假設），當累積的實驗證據反覆肯定這些假說，確認到某個程度就可以成為「理論」（theory）；如果已經確認該理論不可能錯誤，就再提升為「定律」（law）。例如：達爾文（Darwin）的「演化說」已被肯定而定調為「演化論」（evolution theory），而牛頓（Newton）的「萬有引力理論」則已經被稱為「萬有引力定律」（Newton's law of universal gravitation）。而已是「定律」的科學，也未必永遠正確，例如：愛因斯坦就修正了牛頓運動定律（Newton's laws of motion）。科學發展強調的是「求真」的精神，只要有合理的證據，任何理論或定律都有可能被修正。

　　當一個現象經過初步觀察或閱讀相關文獻之後，對於其他變因，形成一個「暫時性的解釋」，即「假說」。對現象觀察敘述後，從敘述轉化成問題，經過界定變因之後提出假說，這之中需要注意幾個向度，包括能否精確地對應問題、能否清楚地呈現變因、需準備哪些必要的工具以了解變因等。

　　在形成假說時要注意「可驗證性」，其變因是可量測或可具體區別化，避免提出不需要驗證即知道的現象，或是不容易界定驗證的假說。例如：「酸性愈大，鐵的生鏽速度愈快」的假說，具有可行性與明確性。而「不同地點的鐵生鏽會不同」的假說過於籠統，因為「不同地點」可能包含海拔高度、溼度、降雨量等變因未予以界定。而且「鐵生鏽」也不確定其定義為何，可能是速度、可能是形狀、可能是顏色深淺等。在設計探究方案中有幾個重要的變因資料必須先界定，以「氣溫高

低與長者的血壓變化之關聯探究」為例：

1. 自變因：是研究者決定要探究的可定義變因，若可以自行操作也稱為實驗變因或操弄變因。「氣溫」就是自變因。
2. 應變變因：也稱為依變因，是探究中要測量的結果資料或實驗結果。例如：「血壓高低」就是應變變因，應變變因應具有可以客觀測量的屬性。
3. 控制變因：探究的目的是了解自變因對於應變變因的影響，對於會影響或干擾正確解釋這兩者關係的變因需要排除。例如：年齡、測量時間、藥物服用等變因可能會干擾，便需予以控制。例如：限制在「65歲以上長者」、「早上6-8點測量」、「一個月內服用一樣劑量的高血壓藥」等。

《透視鏡》 牛頓格言

沒有大膽的猜測，就不會做出偉大的發現。
"No great discovery was ever made without a bold guess." I. Newton

---

三、探究與實作過程

探究的任務在嘗試和除錯，有了假設便要進行「假說－驗證」，設計實驗或方案進一步確認假說或模型是否合理正確，以實驗結果決定是要「接受假說」或是「拒絕假說」。嘗試後會導致各種可能，一次次地嘗試確認後，便要去精鍊所持有的想法、理解和假說，此即為探究與實作過程。

探究與實作過程常需要進行測量，選擇時應評估其恰當性，並正確描述與解釋測得的意義。例如：「體重計」測量的是「重量」，而不是「胖瘦」或「身材」。另一方面，如果探究問題牽涉到難以客觀測量的應變變因，則應轉化為客觀的量性變因，例如：「探究綠豆湯不同煮法好吃程度的差異」，「好吃程度」為個人主觀判斷，則可以採用問卷

調查方式，藉由受試者的表述定義好吃程度的主觀評分，再分析比較數值。

四、資料處理與解釋

對蒐集到的資料記錄作整理歸納分析及解釋，理解其意涵，進行邏輯推論並得出結論，包括數據及非數據資料。資料的呈現及描述要中性並簡潔清楚，其形式可以表格、繪圖、圖表、圖解等適當表達資料，以下舉例說明常見的原則：

1. 數字資料：數字呈現應有清楚整齊的架構，例如：單位之有效位數必須一致。

2. 圖形表達：視表達的需要決定驗證數據是否要繪成圖形，以及哪一種圖形，如條狀圖、折線圖、圓餅圖等。若數據很單純，以數字表達已經很明確，就不需要以圖呈現。如果想要表達數據的變化特徵或程度差異，則可以圖形的視覺效果強化表達的意圖。例如：線性變化、比例關係、分布百分比差距等。

3. 描述詞語：科學講求精確客觀，對實驗結果的描述或下結論必須避免使用模糊的、激烈的或情緒性用語。

   (1) 精確客觀地描述：例如：測量音量之分貝數之後，結論「共振筒的長度和發出聲音的大小沒有關係」。這個結論有兩個問題需要釐清，一是「聲音大小」改為「音量大小」會更為明確；二是「沒有關係」的敘述應該再釐清是指「相關是 0」，還是指「關係很小」。如果資料數據很接近，變動不大，除非數據完全一樣，否則不宜結論為沒有關係，而描述「沒有顯著差異」更為恰當。

   (2) 避免不當用語：例如：「研究結果顯示飲食絕對要少油少鹽，否則會罹患腎臟病」，罹患腎臟病的因素有很多，不應使用過於堅定的用語做結論，且學術用語宜中性，「絕對」一詞過於激烈。

五、報告與檢討

探究與實作的結果必須能做進一步的分析檢討，並認證模式後完成報告，可以量化的分析或質性的描述。即便探究與實作結果不一定能有順利的驗證歷程或不一定能得到預期的結果或作品，也應引導學生從中

檢視幾個部分：(1) 回顧探究與實作的進度情形；(2) 檢討過程應執行或可再加強的部分；(3) 檢視是否出了程序上的問題，並進一步分析審視所存在可能的處理策略。應讓學生了解審視錯誤為學習的機會，以便未來再執行相關任務時可減少重複錯誤。

六、小論文發表

　　一般研究者都會期待將研究結果發表，以讓辛苦研究的結果得以分享，使研究發揮更大的價值，成為科學社群的一員。對於正在學術啟蒙路程的中學生，若能有一塊園地將探究與實作經驗分享，將可以促進學生更精進科學學習。國教署舉辦了「全國高級中等學校小論文寫作」，期待學生能藉以提升科學素養。每年在三月及十月收稿，目前徵收的稿件分為二十一個學群，包括工程技術、化學、文學、史地、生物、地球科學、法政、物理、英文寫作、家事、海事水產、健康與護理、商業、國防、教育、資訊、農業、數學、藝術、體育、觀光餐旅等學群（教育部國民及學前教育署，2020）。學生可依某項事務或現象做研究，統整各項資料後分析資料，最後提出結論並依稿約的形式要求撰寫論文投稿。稿件經過審查若結果為「接受」，便進入發表作業程序。國教署在「全國高級中等學校小論文寫作比賽格式說明暨評審要點」明列參賽的小論文要求如下：

1. 篇幅：A4 紙張 4-10 頁。
2. 版面：規定字體、字型、版面編排、頁首及首尾。
3. 格式說明：包括封面頁、前言、正文、結論，以及引註資料與格式。
4. 評審要點：評分重點、各項具體給分指標、抄襲定義，以及總分。

　　此發表機制的建立乃希望學生的課程成果能有一個發表的園地，作為科學學術路程的啟蒙。小論文參賽者能充分表現研究者的專業知識、學習潛力，以及思考判斷能力，學生可藉由參閱得獎作品，擴大自己的探究視野，並可能從中探索自己的生涯方向。

《透視鏡》

第9章

自主學習培育

　　培養學生養成自主學習態度與能力是國教課綱很重要的課程任務，國教課綱於高中教育階段便明列自主學習課程為其中必修課程。自主學習課程是由學生自己規劃，並經教師指導及其父母或監護人同意後實施。學生可依據目標科系強化學科學習，或以自己的課外興趣或才藝為自主學習主題。

第一節　自主學習培育

　　自主，意思是個人以自己的想法為自己的事務選擇作規劃，並為所做的決定負責。自主學習課程有廣義和狹義的概念：狹義指目前國教課綱裡規劃的自主學習課程；廣義是一種學習方法與態度，平時教師在課堂就可以帶入自主學習的精神，例如：以翻轉教室執行課程（王韻齡和蘇岱崙，2020）。

《透視鏡》　翻轉教室（flipped classroom）

　　又譯為顛倒教室，2007 年起源於美國，由學生在課外時間先看教師指定的課程內容，進入教室後，教師帶領學生完成作業，並且進行問題確認及討論交流想法。

　　傳統教學強調學科的內容、重要的原理原則，教學內容結構明確，教師容易教，學生乖乖學，卻使得學生學過知識後並未對個人的發展有太大的教育功能，這樣的教學模式受到很大的批評。尤其教育場域中常批評許多學生小時候喜歡發問，成長後卻不喜歡提問，課堂中冷漠對應課程，可能很多處不了解也不提問而死記知識，漸漸地就習慣於逃避要傷腦筋的學習，學生的自主學習能力與態度逐漸降低。張芬芬和張嘉育（2015）提出教師應適當引導學生觸動自己內心的想法，引發學習興趣，促使學生養成主動學習的態度與行為。期待學生在離開校園後能成為一位具有個人思想見解的人士，積極追求生涯目標。

　　教育部根據國際間最常用的自主學習（self-directed learning）定義，指出學生在學習歷程中應有自覺地做到幾個學習事件：(1) 確定學習目標；(2) 選擇學習方法；(3) 監控學習過程；(4) 評價學習結果並調整學習方法。這些均為當前國教課綱課程培育學生素養的重要任務。

第二節　國教課綱自主學習課程

　　自主學習為 108 課綱時代的關鍵能力。為了使學生具備自主學習的素養，國教課綱設計了自主學習課程，是高中階段課程的重要變革之一。

一、自主學習課程

　　在高級中學教育階段的國教課綱，「自主學習」為部定課程。學校安排每週 2-3 小時的彈性學習時間，學生必須在高中三年內利用彈性學習時間至少完成 18 節課的自主學習課程。有的學校則會另由校訂必修課程，規範學生每學期均應修習自主學習課程。自主學習課程沒有學分，不一定有指導教師，學生可以在學習歷程檔案中的「多元表現」上傳學習成果。

　　在體制內的教育中，108 課綱的自主學習課程是首次讓學生可以自己決定要學習的主題。學生在學校所提供的課程以外，自己決定要探究什麼、要怎麼學，鼓勵學生發揮創意去發展自己想做的專題，有無

限寬廣的想像空間，但自主學習不應落入「成果導向」的迷思。即不一定要有明確漂亮的學習成績單，其經驗歷程就是一個有價值的學習成果。有明確興趣志向的學生，較容易確定想探究的主題，自主學習課程常成為他們申請大學時有力的資料和歷程；對於尚未有明確發展方向的學生，則建議發展其自主學習的方法，這個歷程同時可以成為其探索未來發展方向的很好機會。透過國教課綱，學生有更多機會成為終身學習者，而能自在地迎接挑戰未來世界，在變化多端的知識體系快速成長。

二、自主學習申請計畫

　　一般在中學的自主學習課程可以分為幾個階段任務：首先由學生以帳號進入學校自主學習平臺／彈性學習平臺申請計畫，填上共學小組成員、指導教師、相關學科、設備等基本資料。其次由負責的教師審查指導學生的自主學習計畫，如表 9-1 為其中常見的審查標準。而後由學生進行自主學習任務，完成後並發表。教師在學生自主學習過程中，有幾個主要的角色：

（一）審查計畫

　　審查計畫的適當性與合理性，並提出計畫調整的建議。

（二）進度管理

　　協助學生做好時間管理。部分學生自主學習需要他人鞭策，否則常會與原訂計畫進度差距太遠、做一半、或者混水摸魚。

（三）指導教師

　　適時給予方向和策略的建議指導，提升自主學習的品質。

（四）催化者

　　觀察學生的學習狀態，當學生對某件事露出興趣時即給予鼓勵，引導他去嘗試。

（五）課程教導

有時學校會在課程開始時先安排基礎課程，引導同學認識課程、尋找主題而後規劃與進行課程。

〈表 9-1〉 自主學習計畫審核範例

修正	項目指標
	1. 學習目標沒有具體描述想要學到的知識與培養的能力。
	2. 學習主題與十八學群對應不符。
	3. 啟發學習的動機說明不足。
	4. 學習內容的知識或培養的技能不夠具體。
	5. 學習內容安排的邏輯順序不適當。
	6. 學習內容與主題不符、無法對應。
	7. 學習內容超過課程作業、課程延伸學習、學群探索、校外比賽。
	8. 未描述學習的資料與工具（哪一本書、哪一個線上影片、或哪一個具體網站）。
	9. 學習的方式和工具不適當，或與學習內容的關聯不佳。
	10. 學習地點不明確。
	11. 學習成果展現方式與內容或主題不符。
	12. 沒有撰寫課程評估的工具、方法或形式。
	13. 沒有撰寫課程評估。

一般學校提供自主學習計畫申請平臺的內容，包括：

（一）基本資料及計畫名稱、類別

描述修課運用的類別，包括：(1) 學科延伸學習：包括國文、英文、數學、物理、化學等科目；(2) 線上課程；(3) 選手增能培訓等。

（二）計畫之動機、執行策略與目的

描述設計此計畫之動機、策略與目的，也可做 SWOT 分析，

分析本計畫或個人之優勢（strength）、劣勢（weakness）、機會（opportunity）及威脅（threat）。

（三）核心素養

　　國教課綱中的任一個課程均需思考與核心素養培育作連結，自主學習課程也不例外，必須指出與十二年國教課綱三面九項核心素養之關聯，評估選擇本課程可以達到的最貼切部分：(A) 自主行動：A1 身心素質與自我精進、A2 系統思考與解決問題、A3 規劃執行與創新應變；(B) 溝通互動：B1 符號運用與溝通表達、B2 科技資訊與媒體素養、B3 藝術涵養與美感素養；(C) 社會參與：C1 道德實踐與公民意識、C2 人際關係與團隊合作、C3 多元文化與國際理解。

（四）計畫內容／具體做法

　　包括：(1) 進度計畫表：以週為進度單元之學習內容；(2) 學習地點：學校校園（圖書館、實驗室、體育館等）、家裡、或是社區等；(3) 結合課餘時間之計畫。

（五）效益及具體檢核方式

　　包含：(1) 預期效益（目標與成果），以及 (2) 具體檢核方式，可以自己編制檢核表、學習單等。

（六）簽名及審查

　　包括申請人（學生）、父母或監護人、審查者進行簽名。

三、自主學習執行

　　學生將自主學習過程逐週或逐次進行撰寫，包括工作事項、心得、成果、問題等。

四、自主學習成果報告

　　自主學習成果報告應呼應自主學習計畫的內涵，包括學習主題、學習內容、學習進度、學習方式及所使用設備、產生效益等資料，以及如

下各項：

（一）自主學習歷程

摘述「自主學習日誌」或「自我檢核表」之內容及概要歷程。

（二）實際產出與成效說明

成品及成效分析表，後者包含預期效益／目標與成果、具體檢核方式、達成率等。

（三）學習心得與結論

尤其是省思的敘述。

（四）團隊分工說明

如果是團隊形式的學習課程，成果報告中要提出團隊分工模式，以及個人在其中所承擔的角色，忠實呈現在團隊中的付出。

（五）附件

相關附件，如自主學習計畫書、自主學習日誌或自主學習檢核表、文書紀錄、照片、相關計畫運作情形或其他佐證資料。

（六）完成後由相關人員簽名後，上傳至學生個人的學習歷程檔案內。

第三節　應對多元學習

一、發展自主學習課程

自主學習課程是一門多元學習的課程，教師可以從以下幾個步驟引導學生構思與發展自己的課程（見圖9-1）：

（一）發展主題

任何課題都可能成為學習主題，可從以下幾個面向思考主題的訂

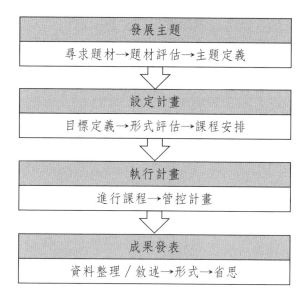

發展主題
尋求題材→題材評估→主題定義

設定計畫
目標定義→形式評估→課程安排

執行計畫
進行課程→管控計畫

成果發表
資料整理／敘述→形式→省思

〈圖 9-1〉 自主學習課程執行歷程

定：(1) 尋求題材：例如：興趣面向—增加生活樂趣、生涯探索面向—發現個人發展傾向、深化學科學習面向—延續曾經的學習課程，或時事相關訊息—蒐集發現等；(2) 題材評估：評估題材的適切性，評估執行過程可能出現的困難並發展可以避免的策略；(3) 主題定義：確定自主學習課程的主軸，例如：「看影片學法語」、「籃球技能增進」、「動漫展展場探究」、「創意店名大集合」等，任何單一事件或領域事務的探討都可以作為自主學習主題。

（二）設定計畫

擬定具體的課程方案，如 (1) 目標定義：因為是課程，所以要引導學生思考課程的目標，如此才能帶領學生有方向地執行課程；(2) 課程形式評估：評估適合的形式，通常學生可以獨立一組，或者幾位同學一組成為「共學小組」；(3) 課程安排：可以透過書本、影片、遊戲等進行。自主學習課程不管在課程內容、形式、相關人員、報告呈現等均有相當大的彈性。例如：以一個專題計畫、一場旅行、拍一部紀錄片、組

織讀書會、進行個人研究或團體實作成品等。而相關人員包括要與哪些人組成共學小組、要請誰指導等,也都可以列入計畫,其中指導人員可以是學校教師、大專教授、業界專家、父母等。

(三) 執行計畫

向學校提出計畫申請後進行課程,並時時檢驗計畫,管控進度及檢視與預期目標的差距。

(四) 成果發表

(1) 資料整理╱敘述:整理成有系統的資料或敘述;(2) 確定形式:可以書面或口頭報告、演講、網路社群分享、作品展示、影像、戲劇、海報、競賽等;(3) 省思:對於自主學習課程進行結論及省思檢討,包括達成目標的程度。

二、自主學習課程輔導

國教課綱希望將學生學習主導權回歸給學生,希望以更多元的學習課程帶領學生多方嘗試,發掘自我,所以教師及家長應該尊重學生的選擇,依學生的條件支持其規劃課程,達到自主學習課程的真諦。

(一) 成就每一位孩子

每位學生有其獨特性,走的路線不會一致,有各自的優勢及缺點,每位學生的潛能都有待去開發,會有其各自應定義的「成功」。師長應關注學生個別適性路徑,予以提攜。

(二) 把學習當手段、把校園當場地

當學習是基於自己好奇,為了探索一個解釋時,學生就會有機會在學習時「反客為主」,也就是進入自主學習的軌道。於是學生的學習就是為了達到他心中的那個目的,而校園就是學生期待去得到解答的場域,因為那裡可以得到好資源或學到好方法,以便更快到達心中要尋覓的那個解釋,包括人、資料。

（三）隨時保持探究的熱忱

尤其對有興趣的領域或事件，教師應引導學生去除一知半解的狀態，或只知其然而不知其所以然的求學態度。從中去發現問題而後找資料尋求解答，或藉由行為精進所長，於是「知識」就在學習生活中不知不覺地累積厚實。

（四）多元接觸生活中各領域

多觀察、多思考、多討論。例如：可以多閱讀不同行業的心酸甘苦談，多關注社會與國際時事的相關議題，再從這些議題省思到個人的狀態，去探討自己與其連結的各種特質元素。

（五）升學不是唯一的路

當學生為自己而學習時，升學將不會是唯一的路。如果不升學，可以考慮先出社會體驗探索一下。否則勉強進入大學後，再轉系轉校、休學重考，甚或白唸四年等，更浪費時間。如果發展不是很明確，先工作了解社會職場的需求，再規劃升學時機，將能更確定自己的路，是非常值得規劃的做法。

《透視鏡》

第10章

課程設計與教學資源

　　教師在設計課程後有兩個必要的教學工具：一為教案；二為教材。前者是教師的教學計畫，後者是教師在教學過程中藉以有效傳遞教學的媒介。媒介仰賴充足的資源使課程設計與實施更適切，其中有大量來自網路資源。本章依此分四節次描述。

第一節　課程設計與規劃

　　學校課程的實施經歷設計、實施與行政支持，每一個步驟均為課程執行的重要任務。

一、課程設計原則

　　美國的課程教育專家 Wiggins 與 McTighe 於 1998 年提出「重理解的課程設計」（Understanding by Design, UbD），有別於傳統課程設計的思考方式，是一種逆向設計（backward design）課程的理念。不是「教師教什麼，希望學生去學會他教的」，而是「教師評估學生應學會什麼，因此教師要教什麼？怎麼教？」UbD 強調任何與課程實施相關的因素都應該思考一個整體的重點，即：究竟要學生學會什麼？因此要規劃教師、學生、行政人員、政策等配合的策略。UbD 主張應藉由課程設計以協助學生取得各面向的理解，要思考規劃的部分包括：(1) 決定預期學生學習的結果（identify desired results）：預期學生要知道什麼？理解什麼？要能做什麼？學習的指標有哪些？(2) 規劃學習經驗與教學（plan learning experiences and instruction）：什麼

活動／材料可以讓學生學到預期的目標？(3) 決定哪些可能的佐證資料（determine acceptable evidence）：如何知道學生學到的內容及程度？有哪些資料可以佐證（Wiggins & McTighe, 2005）？

　　UbD 強調反向設計，先確定目標及評量，再設計教導與學習活動，以強化核心素養（潘玉龍，2017）。UbD 和當前國教課綱之精神相呼應，包括以下幾個共通的特點：(1) 與生活情境結合：實作任務能與生活情境結合，並能在真實情境中評量，也必須顧及多元及跨科的學習特質；(2) 掌握學生學習歷程：需要時時關注學生的吸收狀態及引導他自發與探索學習；(3) 確認學生對學習有良好的吸收：只要學生掌握課程大概念及理解核心素養，自可舉一反三，融會貫通。因為時間有限，教師不需像傳統講述教學，從頭講到尾，故教學不一定要教完整篇課文。主要透過適當有效之活動設計，讓學生主動學習、學到方法、培養系統性思維；(4) 強調實作任務：UbD 的課程設計讓學生以更多的實作，提升學生扎實學習；(5) 具能力導向學習目標：引導學生組織研究與知識搜尋策略、發展邏輯推理、加強學習動機、終身學習，以及加強自我評核之工作，其能力因為課程而確實提升（潘玉龍，2017）。UbD 課程是以學生為中心，以及解決問題的模式進行，使得更易達到核心素養導向的課程目標，規劃設計有目的、有系統、有意義之課程內涵。國教課綱課程設計的程序一般如下：

（一）決定教學領域與主題

　　思考是教導單一課程領域，還是跨領域或跨科目的課程。若是後者則要決定是否存在主領域／主科目，還是均等分配各領域／科目之分量，此關係著分配的課程節數。另外，必須思考議題在課程中的關聯性，是結合還是融入課程，或者是議題主題課程等。

（二）規劃核心素養

　　包括總綱核心素養、領域核心素養具體內涵，以及學習重點，而後訂定教學主題，並據以擬定課程學習目標。

（三）擬定課程目標

　　教師可參考表 10-1 以學習重點兩個面向：學習內容及學習表現，為雙向細目表之兩個主軸，設計課程單元及條列其學習目標。圖 10-1 為依據學習重點發展學習目標之實際範例。學校各領綱小組也可以雙向細目表檢核學習表現與學習內容可能的多種對應關係，發展若干具體單元目標之示例置於課程手冊中，供校內教師編寫教材及教科書參考。如此並可增加核心素養目標實施的完整性與全面性，減少核心素養教導偏頗情形（國家教育研究院課程及教學研究中心核心素養工作圈，2015）。

1. 發展教學模組：由教學者及協同教學者所組成的教學研究團隊，擬定教學模組中各個教學單元的主要教學內容、教學形式，以及教學策略，並蒐集可能的教學資源。
2. 課程設計：依教學模組蒐集相關文獻及資料，規劃適當教學活動，進行教案撰寫、修正及調整。
3. 實際教學。
4. 教學評量與課程評鑑：例如：發展評量工具於課程活動前、中、後實施使用，包括知識、技能、態度等面向之評量。並於教學過程觀察記錄學生學習狀況，作為課程的檢討修正之依據。

〈表 10-1〉　以學習內容及學習表現為雙向細目表設計課程單元

學習內容 學習表現			
	單元名稱： 學習目標：(條例)		
		單元名稱： 學習目標：(條例)	
			單元名稱： 學習目標：(條例)

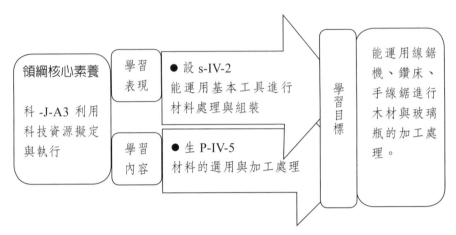

〈圖 10-1〉 學習重點與學習目標之設計範例

引自：科技領域中央輔導團──建國國中陳韋邑教師「創意垃圾桶設計與製作」。

二、學校課程實施

　　國教課綱將國民小學、國民中學與高級中等學校的學習連貫統整，注重學生的生命主體性、核心素養培育，以及身心健全發展，讓學生潛能得以開展、品德得以涵養。在教學上，國民小學教育階段以領域教學為原則；國民中學教育階段在領域課程架構下，得依學校實際條件彈性採取分科或領域教學，並透過適當的課程設計與教學安排，強化領域課程統整與學生學習應用；高級中等學校教育階段，在領域課程架構下，以分科教學為原則，而透過跨領域／科目專題、實作／實驗課程，或探索體驗等課程，提供各領域中各科目的協同及議題融入空間，強化跨領域或跨科目的課程統整與應用。教師在教學設計時應考慮各學習階段的循序發展，以及各領域內各科目間互補合作需要，對學習內容做有意義的區隔，避免內容過多與不必要的重複（教育部，2018c）。國教課綱在課程設計及執行上給予校方與教師很大的彈性，但仍有一定的原則（教育部，2014）：

（一）重視不同領域／群科／學程／科目間的統整，以及各教育階段間
　　　之縱向銜接。

（二）教學實施要能避免偏重教師講述、學生被動聽講的單向教學模

式，轉而根據核心素養、學習內容、學習表現與學生差異性需求，選用多元且適合的教學模式與策略。

（三）作業宜多元、適性與適量，以提升學習動機、激發學生思考與發揮想像、延伸，以及應用所學。

（四）規劃戶外教育、產業實習、服務學習等實地情境學習，以引導學生實際體驗、實踐品德、深化省思與提升視野。

（五）為增進學生學習成效，具備自主學習和終身學習能力，教師應引導學生學習如何學習，包括動機策略、一般性學習策略、領域／群科／學程／科目特定的學習策略、思考策略，以及後設認知策略等。

三、學校課程行政支持

在行政體系，各校有一些常見的委員會或社群組織，以落實課程發展與實施（教育部，2014）：

（一）學校課發會

各校均需訂定「課程發展委員會組織要點」，成立課發會，委員會下得設各領域／群科／學程／科目教學研究會等次組織。委員會之運作任務：(1) 審核授課師資來源、教學大綱、學習評量及其他相關規定；(2) 審議及建議學校議題融入各領域／科目課程與教學計畫。因此其成員可納入具議題專長之教師、專家學者，使議題教育實施更有深度與貼切；(3) 掌握學校教育願景，發展學校本位課程，並負責審議學校課程計畫、審查全年級或全校且全學期使用之自編教材及進行課程評鑑等；(4) 發展學校特色活動：規劃辦理例行性、獨創性活動或服務學習，並納入學校課程計畫等。

（二）學校議題發展諮詢小組

召集教務、訓育、輔導等各處室具教師資格之行政人員，以及遴選不同領域具議題專長的教師組成諮詢小組，提供學校各領域／科目融入議題之課程與教學之諮詢，以及建立行政資源。依需求規劃辦理跨教育

階段、全校性之相關教學活動，例如：專題演講、教學觀摩會、校內外議題相關綜合性活動、教學參觀、環境規劃等，並不定時提供議題相關研究、傳播媒體資料、文章或訊息等議題教育的教學資源。

（三）各領域／科目教學研究會組織

由各領域／科目相關教師組成，必要時得敦請其他科目專長教師，以及不定期邀請家長、專家或學者等參與研討，組織聯席會議討論課程事宜。

（四）校際組織

除學校透過上述三個課程組織之外，也有許多全國性或區域性之課程與教學輔導組織，如高級中等學校之「學群科中心」、聯合成立校際之課發會、中央與各縣市各領域「課程與教學輔導團」等，以發揮提供學校支持、諮詢、輔導之功能，共同促進國教課綱課程之落實。例如：透過國教輔導團及學群科中心到校服務與辦理教師增能研習，以提升教師對相關課程及議題教育的知能。

第二節　教案

教育部在國教課程不編印教科書，為達國教課綱的核心素養教育目標，只頒布課綱，課綱編制屬於課程發展階段，而課綱運用與轉化則是屬於課程實施階段，從發展到實施必須先轉化為教科書或教案。適切的教科書可以具體引導教師實施素養導向課程，並可引導學生進行自主學習（周淑卿、吳璧純、林永豐、張景媛和陳美如，2018；黃儒傑，2020）。當教師沒有教科書時便需要依賴編制適切的教案，引導達成素養導向課程目的。為了引導教師實踐素養導向的課程，國教署定期舉辦教案設計比賽並且出版，或收納教案範例在分享網站中，如「素養導向教學設計參考手冊」等，讀者可搜尋參考。而為了進行科目間的溝通，以利共同備課及易於推廣，目前國教署在各科目間公布的教案格式及其內涵相近，科目間只有些微差異。

一、教案編碼

國教課綱中存在編碼的範疇有六個部分：一及二為三面九項的總綱核心素養，以及其下之各領域核心素養具體內涵；三及四為學習重點中的學習表現及學習內容；五及六為議題主題及其實質內涵。各領綱或「議題融入說明手冊」中會加以說明其編碼的規則，其中學習重點與議題教育均包括三個向度的碼，議題教育三個碼不以「-」分隔。領域課程核心素養及其學習重點三個向度間以「-」分隔，同一向度內不可以有「-」等符號：(1) 第一個碼主要為課程領域或科目等，變化較多（見表 10-3）；(2) 第二個碼為教學對象，可能以三個教育階段（E、J、U）、五個學習階段（I、II、III、IV、V）、或 12 個年級（1-12 年級）列示。第二碼在高級中學階段可視需要增加一個字元，以 c（common）表示共同必修，以 a（advance）表示加深加廣課程；(3) 第三個碼或為核心素養或為流水號。各編碼有大致的規則，除了總綱核心素養於第六章已描述外（即圖 6-2 之 A1 至 C3），其他五個部分說明於後。但因為各領域的課程內涵及性質有所差異，第一碼有較多層次及多種變化，讀者在編寫時應再依各領域手冊內的說明一一對照，其中有部分領域的編碼規則在第二章各領綱內已說明（即表 2-1、表 2-2、表 2-4 及其對應的內文）。

（一）領域核心素養具體內涵編碼

「核心素養發展手冊」中說明領域核心素養具體內涵編碼原則為：

1. 第 1 碼「領域／學校類別」：例如：數學、自然科學，以其縮寫為代碼，而寫成「數」、「自」等。另如有需要，再標示高級中等學校類型：普通型高中「S」、技術型高中「V」。
2. 第 2 碼對象：「教育階段別」，以 E、J、U 三種列示。
3. 第 3 碼核心素養：呼應的「核心素養九大項目」，包括 A1、A2、A3、B1、B2、B3、C1、C2、C3。
4. 舉例：(1)「數 -E-B1 具備日常語言與數字及算術符號之間的轉換能力，並能熟練操作日常使用之度量衡及時間，認識日常經驗中的幾何形體，並能以符號表示公式。」指數學領域小學教育階段的 B1 核心素養之具體內涵；(2)「科 S-U-B3 欣賞科技產品之美感，啟發科技

的創作與分享。」為普通高中科技領域 B3 核心素養之具體內涵。

(二) 學習表現編碼

「學習表現」意指學習的歷程向度，偏向認知歷程、行動能力或態度（國家教育研究院，2014），通常以動詞起始。核心素養項目表達之動詞，參見表 10-2。

〈表 10-2〉 核心素養項目表達之動詞表

目標層次	行為動詞
認知歷程動詞參考	
記憶	認識、回憶、定義、描述、識別、標明、列舉、配合、指定、概述、複製、陳述
理解	說明、舉例、分類、概述、推斷、比較、解釋、轉換、辯護、辨別、評價、引申、歸納、釋義、預測、改寫
應用	執行、實施、改變（轉換）、計算、證明（說明或展示）、發現（探索）、操作、修改、預估（測）、準備、連結、示範、解決、運用
分析	差別、組織、歸因、拆解、圖示、區別、辨別、識別、（舉例）說明、推論、概述、指出、連結、選擇、區分、細分
評鑑	檢核、評述、評價、比較、評斷（總結）、對照、描述、鑑別（區別）、解釋、證明、詮釋、連結（關聯）、總結、支持（證實）
創造	創造、計畫、製作
情意動詞參考	
接受	詢問、選擇、領會、採用、仿效、給予、維持、識別、指定、指明、回應、選擇、使用
反應（回應）	反應（回應）、幫助、順從、遵守、討論、幫助、標明、執行、實行、呈現、覺察、背誦、報告、選擇、識別、編寫
評價	完成、描述、區分、解釋、形成、創始、邀約、參與、證明、提議、解讀、報告、選擇、分享、研究、操作或運作
重組或組織	堅持、改變、安排、結合、對比、完成、辯護、解釋、歸納、識別、結合、修改、組織、準備、連結、綜合

目標層次	行為動詞
價值觀的型態／品格的養成	扮演、區別、表現（展現）、影響、傾聽、修改、執行或表現、實行、提議、具備、詢問、修訂、服務或供應、解決、使用、證實
技能動詞參考表	
感知	挑選、描述、發現、區分、辨別、識別、連結、選擇、區分
準備狀態	著手、表現、解釋、行動（促使）、進行、反應、回應、示範、開始、自願
應用機械化複雜性的外在反應	集合（蒐集）、建立、校準、建造、拆卸、表現、解剖、固定、修理、磨成、加熱、操作、測量、改正、混和、組織、素描、運作
適應	改編或改建或適應、修改、改變、重整、重組、修訂、變更
獨創	安排、結合、組成、建造或建構、設計、創作或發明

資料來源：Anderson 和 Krathwohl (2001); Gronlund (1995: 103, 105, 107)。
摘自：國家教育研究院課程及教學研究中心核心素養工作圈（2015）。

1. 第 1 碼「表現類別」：依性質或內涵分為數個類別，有幾種型態：(1) 依序以數字 1,2,3……表示；(2) 以英文小寫 a,b,c……表示；(3) 以英文小寫進行意義編碼，例如：知識（k）、情意（a）、技能（s）、綜合（c）等；(4) 依需要在其後加上次項目（以 a,b,c 表示）；(5) 先標記學校類型、或呈現科目後跟隨表現類別。由大類目至小類目作字元排序。

2. 第 2 碼對象：「學習階段別」，以 I、II、III、IV、V 表示。第五學習階段並可視需要增加 c 或 a 字元，而成為 Vc 或 Va。

3. 第 3 碼：「流水號」。

4. 舉例：(1)「n-I-3 應用加法和減法的計算或估算於日常應用解題。」為數學領域第一學習階段「數與量」類別（n）的第 3 個學習表現項目；(2)「運 t-IV-1 能了解資訊系統的基本組成架構與運算原理。」為第四學習階段科技領域中「運算思維」構面（運）項下的「運算思

維與問題解決」類別（t）的第 1 個學習表現。

（三）學習內容編碼

　　「學習內容」偏向學習素材，通常以名詞呈現，涵蓋該領域／科目的重要概念與原理原則。除事實知識外，尚包含概念性知識、程序性知識及後設認知之知識、技能及態度（國家教育研究院，2014）。

1. 第 1 碼「內容主題」：依各階段領域／科目的性質，將內容進行主題的歸類區分，有幾種類型：(1) 以大寫英文字母 A、B、C……進行編碼；(2) 以英文大寫進行意義編碼，例如：數與量（N）、關係（R）等；(3) 依需要加上次項目 a,b,c 等；(4) 先標記學校類型或呈現科目後跟隨內容主題及次項目，如「技涯 Aa-V-1」指高中技術學校生涯規劃科目的第 1 大類（A）的第 1 小類（a）。由大類目至小類目作字元排序。

2. 第 2 碼對象：依「年級」區分為 1-12，或依「學習階段」區分為 I、II、III、IV、V。

3. 第 3 碼：「流水號」。

4. 舉例：(1)「Af-III-2 國際間因利益競爭而造成衝突、對立與結盟。」指社會學習領域第三學期階段「互動與關聯」主題軸（A）的「全球關聯」項目（f）的第 2 項學習內容；(2)「家 Aa-V-1 飲食與生活型態」指綜合活動領域內家政科目第五學習階段的「飲食」類別（A）下的次項目「飲食與生活型態」（a）的第 1 項學習內容。

〈表 10-3〉　學習重點第一碼之編碼規則

編碼向度	學習表現	學習內容
	規則	規則
表現類別／內容主題	依性質或內涵分為數個類別：(1) 依序以數字 1,2,……表示；(2) 英文小寫 a,b,……表示；(3) 英文小寫進行意義編碼，例如：知識（k）、情意（a）等。	依各階段領域／科目的性質，將內容主題歸類區分：(1) 以大寫英文字母 A、B、……編碼；(2) 以英文大寫進行意義編碼，例如：數與量（N）、關係（R）等。

	學習表現	學習內容
舉例	1-IV-3 k-V-2	A-IV-3 N-II-1
＋次項目	表現類別／內容主題＋次項目 （若有次項目，加上 a,b,c……）	
舉例	1a-II-1	Aa-II-1
＋科目	科目＋表現類別／內容主題＋次項目	
舉例	生 ua-V-1	涯 Aa-V-1
＋學校類	學校類型＋科目＋表現類別／內容主題＋次項目	
舉例	技涯 1a-V-1	技涯 Aa-V-1

註：(1) 第一碼由大類目至小類目作字元排序。
　　(2) 第二碼為學習對象；第三碼為流水號。

（四）議題教育核心素養編碼

　　議題教育課程的核心素養不分教育階段，向度編碼相連。

1. 第 1 碼：以議題教育的第 1 個字為縮寫代碼。如人權以「人」為始，環境教育以「環」為始。
2. 第 2 碼：總綱的三大核心面向，即 A、B、C。
3. 第 3 碼：各大核心面向下的「流水號」。
4. 舉例：「性 C1 關注性別議題之歷史、相關法律與政策之發展，並積極參與、提出建議方案。」為性別平等教育的 C1 核心素養，其歸屬在總綱核心素養「C1 道德實踐與公民意識」項下。

（五）議題教育實質內涵編碼

　　每個議題教育項下有主題，主題之下依三個教育階段（E、J、U）編擬實質內涵，其向度編碼相連。

1. 第 1 碼：以議題的第一個字為首，如人權以「人」為始，環境教育以「環」為始。
2. 第 2 碼：「教育階段別」，以 E、J、U 三種列示。

3. 第 3 碼：「流水號」。
4. 舉例：(1)「國 J4 尊重與欣賞世界不同文化的價值。」為國中教育階段的國際教育議題第 4 個實質內涵項目；(2) 性別平等教育議題中學習主題為「性別與多元文化」，其國民小學議題實質內涵有兩項：「性 E12 了解與尊重家庭型態的多樣性。」以及「性 E13 了解不同社會中的性別文化差異。」

二、教案設計與架構

　　教案是教學的計畫書，十二年國教課程只頒布綱要，不要求學校一定要使用坊間的教科書，以至於國教課綱時代教師更必須具備教案編撰的能力。在設計教案時應先具有幾個準備工作：決定課程主題是各課程領域還是議題教育為主、摘要課程主軸、整理學生應具備的課程先備知識後發展課程的實施流程。此外，編寫教案必須掌握學習重點，包含學習表現與學習內容兩個部分，兩者都是課程目標，也都是學習內涵，同等重要，並且必須能具體展現和呼應核心素養（國家教育研究院，2014）。若要將議題融入，則另外要思考議題主題與實質內涵。以教育議題融入領域課程的情形為例，除了實施年級、課程節數與實施、教學設計者、教學資源等課程基本資料外，一份教案至少應該包括幾個部分（見表 10-4）：

（一）主題／單元名稱

　　教師自行訂定學生能理解、能吸引學生關注與感興趣的名稱。

（二）課程類型

　　定義是議題融入式課程、議題主題式課程、或議題特色課程。

（三）課綱目標內涵

　　必須查閱各領綱內之描述資料，其編碼及敘述不可更改。包括：
1. 總綱核心素養，如「A3 規劃執行與創新應變」。
2. 領域／學習重點：若為議題主題式課程，則此部分不需呈現。內容包括三個部分，此三個部分環環相扣，說明如下：

〈表 10-4〉　十二年國教課程融入議題教案格式

主題／單元名稱					
實施年級				節數	
課程類型	□議題融入式課程 □議題主題式課程 □議題特色課程		課程實施時間	□領域／科目 □校定必修／選修 □彈性學習課程／時間	
總綱核心素養					
領域／ 學習重點	核心 素養		議題	核心 素養	
	學習 表現			學習 主題	
	學習 內容			實質 內涵	
學習 目標					
教學 資源					
學習活動設計					
學習活動			時間	備註	
第一節 一、教師引言 二、教師提問 三、引導思考 四、總結與討論					
第二節 一、教師引言 二、引導思考 三、教師提問 四、總結與討論					

註：學習活動依課程內涵予以安排不同的順序及內涵。

(1) 領域核心素養具體內涵：如「國 S-U-A3 運用國語文培養規劃、執行及檢討計畫的能力，廣納新知，參與各類活動，充實生活經驗，發展多元知能，從中培養創新思維與因應社會變遷的能力。」

(2) 學習表現：如「1-V-1 面對不同的聆聽情境及文化差異，正確分析話語的訊息，並給予適切的回應。」

(3) 學習內容：如「Ab-V-2 文言文的詞義及語詞結構」。

3. 議題：包括議題核心素養、議題學習主題，以及議題實質內涵。若非議題融入領綱之課程，則此部分不需呈現。

（四）學習目標、教材來源與教學設備／資源

此部分為設計者自行依主題單元訂定及尋找或設計，並明列教案中擷取的參考資料來源。因為以學生為中心，所以過去教案中的「教學目標」改為「學習目標」，強調與課綱的連結對應。

（五）學習活動設計

依據學習目標設計課程活動，包括課前準備、教師引言、教師提問、討論與總結、時間，以及備註等。由教師設計規劃，明示教導策略，且透過說明、示範、師生互動、作業與評量等程序，達成學生學習目標。學習活動流程，並可以繪製圖表呈現。教案設計原則以增進學生的素養或問題解決能力為教學標的，因為是以學生為中心，因此必須依學生的學習反應導引教學。

（六）教學成果與回饋

註記本活動執行的成果及教學可能遇到的狀況，提醒教師注意事項，例如：教具使用、實作活動的安全注意事項等。

第三節 教學資源

　　媒體（media）是用來相互溝通或傳遞訊息的媒介、方法與管道（徐麗照，2000），在有限時間內，引發學生投入學習及提升學習效益是教學的重要任務。媒體的應用在資訊來源和接受者之間傳遞事物，使學生能夠更有效地學習（Moore & Bedient, 2000; Salend, 2005）。教材教具資源是學生學習課程的媒介物，可以輔助教學，以實現教學目標。為了因應不同條件學生的學習需求，也因為教導範圍太擴散，國教課綱沒有既定的學習內容，因此各種材料都可能成為教學的教材及資源。為了適當運用媒介，教師在教學之前應盤點可能的資源而後選擇運用。

一、共用資源

　　許多教育單位或民間機構出版共用教材教具或媒體，部分機構只要小額工本費即可購得，有些只需要公文即可索取，有些則進入所屬網站即可下載。國教課程下各學校常為學校特色課程發展編制相關的資源，並公開而成為分享資源。

二、教學場域

　　結合與課程有關之景點、歷史建築或機關等，例如：二二八紀念碑、法院、自然生態保留區、博物館、婦女館、消防隊、各類教育資源中心等，常是校外教學的參訪地點或成為配合議題教育的訪調對象。

三、社區教學資源

　　可擷取研究機構、社區、產業、民間組織或團體所研發的資源，包括各種形式的教材與圖儀設備，以及各界人力資源等。例如：善用機構印製發行之文宣、書籍、影片、網站，或研究報告等。

四、國家與國際事件

　　國家與國際的重大事件常成為很好的課程題材，並提高學生的接受度，增強學生學習動機及興趣，促使學生在研擬相關策略時能更有概

念，也增強其行動決心。例如：日本福島核災引發的能源問題、臺灣莫拉克風災的災害防救問題，可作為即時、深入及具情境脈絡的教學資源。

五、社會事件

可藉由社會或學校所發生的事件進行相關課程的機會教育。例如：性侵事件之於性別平等教育；歐洲難民之於人權教育與國際教育；南海問題之於海洋教育與國際教育；又如學生虐貓事件與環境、生命、品德、法治等皆可連結。

教學資源的運用需要經系統化安排與計畫，才能確保其教學成效：

一、分析學生的特質

應用教學資源首先須分析學生的特質，並以學生的學習需求為重點。

二、確定媒體應用目標

依學生需求擬定應用媒體之目標後規劃運用，避免盲從。

三、選擇、修改、設計教材或媒體

根據學生的條件及學習特性、應用媒體目標、課程特性及媒體特性等因素，選擇或修改成符合教材的內容與形式。若無可利用的現有媒體，則必須自行設計製作媒體。自製媒體時應掌握媒體所欲傳達的訊息，例如：加入關鍵字以提醒重點。

四、使用教學資源

教師播放媒體前，先概要提示媒體的內容。提醒學生學習重點，有助於激發學生學習準備後，使媒體的運用效果更顯著。

五、評量資源的使用效果

經過教學後應評量媒體使用效益，檢討所使用教學資源之適切性。例如：媒體品質如何？教學資料是否有效？資料呈現是否需要改進？是否符合學生需要（吳明隆和林義雄，2001）？另外，並需注意版權。

教學資源的運用在輔助教學，使教學內容因此更易為學生吸收，若教師忽略製作媒體或教具的初始用意，則無法達到教具之功效。亦即，製作教學資源須考量使用時機，如果使用了會讓教學場面更混亂，或者無法增進學生對學習內容的吸收，則不應勉強運用。

第四節　網路資源

許多網站有相關的圖片或資料足以成為教師製作教材或直接運用的教學資源，例如：兒童文化館的網站有許多繪本資料可運用，又如設計戶外教育旅遊景點課程時，可以從網站抓取圖片資料等。此外，網路有更多教學課程資源。本節提出一些可於國教課綱課程實施的相關網路資源，其中有許多是教育部國教署因應國教課綱課程實施需求，委託相關專業機構建置的。但因為資源相當多，且其汰換速度相當快，本書無法全部含括，讀者可據以為出發，在網路媒介中自行發掘更多的教學資源。以下資源雖然分為教師課程方面及學生學習方面，但其中有不少是可以雙方面均運用的。本書因為連結不便，因此只呈現網頁名稱、不呈現網址，有興趣讀者可參閱本書「參考書目」，或於網路上以關鍵字搜尋。

一、教師課程發展資源

（一）國民中小學課程與教學資源整合平臺（Curriculum & Instruction Resources Network, CIRN）

國教署於 2015 年委託臺北教育大學團隊規劃建置國教課綱課程相關的十一大構面：課程綱要、新課綱推動、教學、標竿典範、閱讀、學生學習、評量、學習扶助、領域議題、特色創新與行政專區等。教育部

所頒布與國教課綱課程最直接相關的資料，均可在其中查閱下載。

（二）「素養導向教學設計參考手冊」

教育部國教署出版，收錄素養導向教案範例，如：(1) 國小生活課程：風在哪裡（1年級）；(2) 國小彈性學習課程：專題研究（3年級）；(3) 國小數學課程：角度（4年級）；(4) 國中數學課程：最大公因數與最小公倍數（7年級）；(5) 國中國語文課程：親子與文學（7年級）等。

（三）十二年國教課綱國民中小學素養導向標準本位評量計畫 SBASA（Standard-based Assessment of Student Achievement for Elementary and Junior High School Students）

由臺灣師範大學心理與教育測驗研究發展中心所執行的計畫，主要在提供與課綱相對應的評量標準，作為教師教學評量的參照依據，並可了解歷年學生的學習能力表現水準，評估適當的學力監控機制和充分的補救教學措施。目前只針對國民中學及國民小學兩個教育階段建制。

（四）新課綱銜接教材數位平臺

為讓108至110學年度入學的高中新生順利銜接新舊課綱課程，辦理資訊科技科、生物科、化學科等三科目的銜接教育。此平臺提供銜接教材，輔助教師進行銜接課程的教學、掌握學生學習成效，並提供學生課後自主練習、補強的學習資源。

（五）中央輔導團專案教師入校諮詢輔導平臺

為推動新課綱素養導向之課程與教學，安排諮詢專業教師協助現場教師發現學生的學習需求。專案教師是透過甄選有經驗的現場教師後進行培訓，學校並可透過媒合平臺申請專案教師入校入班觀課、議課、建立單元教學模組、或是教學示例分享等。

（六）108課綱資訊網——十二年國民基本教育

包括國民小學、國民中學、高級中學等教學資訊，有教師資源、學

生資源，以及優良教案等參考資料。

（七）教育部中小學數位學習深耕推動計畫

　　國教署每年向中小學徵件，以探究問題解決為精神，推動 PBL 專案的課程模式，以便在中小學執行應用新興科技動手實作，以 STEAM 素養出發，以主題跨領域的課程為主軸，企圖培養學生高層次思考能力。

（八）課文本位閱讀理解教學‧教學策略資料庫

　　教育部委託臺灣師範大學、臺北市立大學、中正大學、臺南大學及臺東大學，在全國設立五區閱讀教學研發中心，負責各區教師培訓，提供地區教師閱讀相關教案、諮詢及輔導，確保教師在閱讀教學時遇到困難可以得到支援，協助全國小學在職教師閱讀教學相關專業成長。

（九）臺北酷課雲

　　由臺北市政府教育局設置，以學生學習為中心，提供國小到高中師生相關教學、學科、主題課程、大考等豐富的課程影片，以及家長各項學習服務。網站內有酷課學習、酷課學堂、酷課閱讀等多元學習服務。

（十）特殊教育數位課程平臺

　　註冊後可以修習各種特殊教育線上課程，修習過後可以取得課程時數證明。

（十一）中小學能源教育資源總中心

　　為教育部補助之「潔能系統整合與應用人才培育計畫 —— 能源教育資源總中心」，分為大專組及中小學組，包括線上課程、能源相關知識、教材教案參考、教具借用（如紅外線測溫儀）、各種工作坊訊息等。

（十二）教育部生命教育全球資訊網

　　提供生命教育相關之專業諮詢與培力委員。

（十三）財團法人資訊工業策進會（簡稱資策會）

由政府與民間共同籌設，以推廣資訊技術有效應用，提升國家整體競爭力。協助發展數位經濟，以及陳列有關業界發展的直接訊息，並提供課程與研討會供有興趣者進修。

（十四）各政府相關機構網站，如經濟部能源局。

二、學生學習資源

（一）各大學線上課程

有愈來愈多的大學校院架設數位課程與教材認證，同時提供境外的數位通識課程（葉建宏，2019）。

（二）可汗學院（Khan academy）

各種領域的線上學習平臺，包括數學、科學、藝術人文、閱讀及語言、電腦、經濟、生活技能等。

（三）教育雲

彙整數個不同主題的學習輔助平臺，教育大市集則蒐羅各樣的學習資源，包含 AI 教材、資訊教育等。兩個平臺均針對不同的學習階段陳列相關的學習資源，方便學生找到適合的課程進行學習。

（四）Cool English

為國中小學生所設計的英語線上學習平臺。學生可以透過平臺中的文章、影片及遊戲等專區，學習各種不同的單字、文法。平臺另建置語音辨識系統，協助學生辨別正確發音。

（五）愛學網

整合國內外相關視聽多媒體學習資源，提供學生課後學習及教師輔助教學使用。平臺劃分許多區塊，如益智遊戲專區，學生可透過簡單趣

味的小遊戲，認識乘法、五線譜或認識英文字母等。而電視館設立各種主題，供學生及家長線上觀看影片。搭配 108 課綱上路，另建置「知識地圖」，依據不同學習階段、領域分門別類各個視聽影片資源。

（六）LearnMode 學習吧

國小到高中主要學科知識的課程影片、講義、試卷和試題，引導學生依據喜好、時間進行自主學習。

（七）ColleGo! 大學選才與高中育才輔助系統

由大學招生委員會聯合會主辦，臺北醫學大學承接建置。提供豐富的大學校系資料、課程資訊、生涯發展與學生所需要的能力特質，幫助學生探索、認識大學學群學類與學系。

（八）中學生網站

由國教署主辦建置的「中學生小論文競賽」及「閱讀心得寫作比賽」的平臺。學生可以藉由此平臺投稿參賽，以及觀摩得獎作品。

（九）LIS 情境科學教材

LIS（Learning in Science），針對國中小科學內容，以有趣的科學影集、實境遊戲等讓學生學到科學家解決問題的能力和精神，了解科學脈絡、養成探究精神，培養學生對科學的興趣與邏輯思考的推演能力，找回學習科學的樂趣和意義。以鮮明的圖片說明歷史脈絡，並連結相關理論。

（十）Program The World

由中華民國愛自造者協會設置，進行青少年的程式（programming）與創客（Maker）等課程內容與教材的開發、教學、推廣。

（十一）Maker 台灣自造者

提供創客的資源及創客競賽等活動資訊，並有創客作品分享。

（十二）均一教育平台

以科學與科技為教師與學生提供創新的「教與學」路徑，用科技幫助學生找到適合的學習節奏。課程內容包括數學、自然、電腦、素養與各種自我評量的教學影片。

（十三）CoreLab

培養數位時代所需的 ICT 技能，包括數十門基礎的及職務導向的組合學程，以及相關多元的學習活動。

（十四）藝術計畫（Google Art Project）

可取得世界各國藝術博物館所展出的作品圖像，並可流覽他人對該作品的評鑑。

（十五）其他線上課程

如：YouTube、ewant 高中自主學習專區、YOTTA 友讀、磨課師、Hahow 好學校、Teaches 趣開課、Udemy 等，有待教師啟發學生自主學習，發掘其各自的寶庫。

《透視鏡》

第11章

國教課綱教學之實務

　　國教課綱正式上路之前，2015 年即開始於數十所國民小學、國民中學及高級中等學校實施「前導學校」計畫，並且逐年增加校數，試行國教課綱的校訂課程及多元選修，分析試行結果作為各主管機關修訂相關配套措施之參考，以推廣成功經驗至其他學校。而於 2019 年開始全面實施於小一、國一及高一之學生，逐年推展到所有年級學生。

第一節　國教課綱之挑戰與解決方案

　　推動國教課綱有許多挑戰，教育政策及各學校行政人員均在積極思考解決方案，以下是作者為了撰寫本書查閱相關實務報導及作者訪查教師、學生與家長等相關人員所蒐集到的現象，包括：

一、教師面向

（一）教師適應

　　過去以教師為中心的課程模式下，教師以個人的專長備課，新教師準備一套課程再熟悉幾年，便可運用到退休，不需做太大的調整。國教課綱因為以學生為中心，教師的教學是流動的，因應學生的學習需求進行備課教學。若教師存在抗拒態度，未能改變既有的教學方式與內容，可能會省略掉關鍵的成分，編制再好的素養導向教科書，也難以在課室中實踐（黃儒傑，2020）。教師能否認同與接受素養導向課程，對於教師投入課程設計有相當的影響。此有賴新師資培育課程的修正，而對

於現職教師則需要安排教師宣導及研習，提升教師在心理及知能的準備度。

（二）教師素養

教師需具備「素養」，方能將個人所擁有之知識付諸實踐，有效傳遞予學生。如果教師只是如過去填鴨式教學，則不能因應學生條件彈性教導，容易以刻板教學的模式耽誤學生的學習。因此教師除了擁有專門知能及教育專業，更需要在教學態度及教導的實質教育模式進行調整。學校可制定鼓勵辦法，引導教師在素養導向課程的積極發展實踐，確保團隊運作與研討之品質。

（三）師資不足

跨領域課程每門課要 2 位以上教師共同備課，彈性學習課程更需要大量的不同領域專長師資，而且不是穩定的需求，每年依學生的需求、條件或時勢，以及學校的計畫會有不同的師資需求。因此學校必須建置人才庫，以便因應當學期學生的修課需求及所規劃自主學習的主題，即時聘請講師授課及指導。

（四）新課程挑戰

教師可能要指導學生做小論文探究，但是教師本身若未具有碩士學位，沒有寫過論文的經驗則難以指導。因此未來師資應朝向聘任具碩士以上學位教師，或鼓勵教師在職進修學位；而部定新增課程「臺灣手語」也面臨師資不足的問題，需要積極進行專業師資培育及聘任工作。

（五）教師協調聯繫

教師已經不能只在自己的專業領域埋頭努力，不能各自為政，否則難以推行跨領域、跨科目之課程。不同專長教師彼此之間的聯繫增加許多，因此許多學校藉由成立社群以建立密切的聯繫，同時促進教師知能成長、資源分享，包括各領域社群、校必共備社群、素養導向社群、學習歷程檔案諮詢社群等。

（六）諮詢教師指導的限制

　　各校有諮詢教師，教師參考學校課程計畫、選課輔導手冊、學生性向與興趣測驗、進路發展等相關資訊，就學生修習課程提供諮詢意見（高級中等學校課程諮詢教師設置要點，2019）。但一位諮詢教師要承擔上百位學生的諮詢工作，難以充分協助提供資源。例如：如果學校的課程無法深化培育學生的興趣或專長，那麼提供的諮詢有何意義呢？而學校教師與諮詢教師之專長不在學生有興趣的領域，則難以把握專題及小論文等的課程諮詢與指導。因此諮詢教師應有更大的調節能量，以因應學生的狀態設計指導模式。學校若能成立諮詢平臺，以諮詢團隊提供指導，即以多對多而非一對多的諮詢模式，應該更有機會協助學生解決各式不同的問題與需求。

二、學生面向

　　國教課綱願景在成就每一位孩子適性揚才終身學習，但許多學生仍可能出現一些新的問題。

（一）性向探索的可能性

　　國教課綱希望學生儘早發現自己的興趣能力所在，但可能花了很多時間思考探索，還是無法確定發展方向，高一、高二甚至於更小的學生未能確定學習興趣的比例相當高。如果高一、高二準備的方向在高三時才確定不是個人所適合的，來得及改變過去已完成的方向，或重新規劃方向來得及製作理想的學習歷程檔案嗎？這些問題都讓國教課程中的學生及家長很不放心。如果學生沒有明確的選擇方向，可能會想跟著大家走就對了，最後浪費了很多時間，結果仍不是為自己的性向與興趣作選擇，自主學習仍難達成。未來在108課綱執行一段時間，學生多元探索的機會增加，在探索時程拉長後，相信高一未定向的學生會明顯減少。而對於目前在高中階段尚未有明確方向的學生，面對這樣的問題有一些可行的做法，例如：升學以選擇學程／學群不分系方向為主，而非選定科系；學習歷程檔案製作著重學涯方向探索、學習策略養成、自主學習與省思態度等。

《透視鏡》 高中生的定向

根據「親子天下」2020年針對全臺高一師生的問卷調查，約七成高中生經過一年課程探索，仍不能確定未來要就讀的科系方向。

（二）自主學習問題

對於有明確興趣或志向的學生，自主學習課程可成為加深加廣學習的機會。然而自主學習課程沒有教科書、沒有既定課程模式，以至於「要混很好混」，因此很多學生可能應付寫一下計畫就躲起來玩線上遊戲、虛應了事，糟蹋了自主學習課程的精神與功能。因此，有待教育主管機關及各級學校發展一個更務實、指導效益更高的自主學習課程的督導模式。

（三）升學導向在所難免

進入明星大學就讀是大多數學生的學習目標，於是多元選修課程仍然會評估哪些選修及行動對升學有幫助，學生仍會選修更多「加深加廣」課程，花更多時間補習主科。或者可能傾向選擇分數甜，課堂較輕鬆的課程。升學考量難以讓學生完全以興趣進行選課規劃，最後學校配合學生的需求，只好做一些課程名稱的修飾，實際上卻開設跟主科目相關的課程，於是又回到過去填鴨緊湊的課程模式，例如：溝通課程定名「生活語言通」可能實際上「生活美語」、命名「數學奧祕」可能在上「三角函數解析」等。此現象需要從國小教育階段即開始培育學生放下升學迷思，而能顧及個人的興趣發展，也更依賴輔導學生對新的課程模式有正向的態度。

（四）花更多雜亂時間

為了能有漂亮的學習歷程檔案，學生可能更不能專心學習精進課業，反而身心俱疲。例如：若發現考量的目標科系將評核服務學習課

程，就去做吧！若不確定的話，則「先做起來放著」。但是，心不甘、情不願地，完全抹煞了志工學習課程的意義。此外，還需要安排更多時間補證照考試或者應付做專題、寫報告等課務，難以與教改的初衷同行前進。因此，如何讓學子有適當的課程規劃，便需要教師及家長積極引導。

（五）知識範圍在哪裡

課程綱要是教學、教科書編制及考試的重要依據。比起過去的課綱，國教課綱下的領綱或教科書內容呈現的量相當少，教師為了帶領多元活化的課程，原來知識傳授的結構式課程被大量壓縮。而升學考試中核心素養考試範圍又很大，那麼什麼是中小學教育階段應該學習的知識呢？新世代的學生到底要學哪些呢？沒有知識，競爭力是否降低了不少？即便教育改革為以學生為中心，仍有賴教師知識學習課程的規劃。而學生應該養成累積知識的學習態度與習慣，日積月累將可以提升知能。

（六）學校無法滿足學生的興趣、才華

現在的職業已經不是「百工百業」，而是「千工萬業」。學校的課程真的能協助學生發展才能興趣嗎？若個人的興趣較冷門，可能會遇到無法選修出個人適性的課程，且國教課綱實施有師資、教材、設備等面向的限制（張訓譯，2018）。應用性課程並不是教師找找資料講解就能夠適任的，許多專業不但得透過實作才能掌握技能，更必須精研融會貫通才能深入淺出傳遞予學生。例如：「餐飲實作」課程不是炒了 10 年的菜就可以教到精髓。這部分對於國小課程是包班制的及偏鄉學校更具有一定程度的困難。學生想要規劃屬於個人的學習計畫，卻因為學習環境及資源受限而無法發揮，因此如何向外擴增教學資源，成為引導學生學習的重要任務。

（七）掌握學習主導權

國教課綱希望學生具有學習主導權，除了學生要能清楚自己要學什麼之外，更需要教師及家長尊重學生的選擇，依學生的條件支持其規劃

課程。但是學生真正擁有多少的主動學習權？還是被動的主導權？或者有了主導權，卻還是因為資源有限，而不能真正實踐落實學習？因此學生自主學習的能力便應提升，例如：藉由線上課程等進行性向的探索及課程的學習。

三、課程安排面向

（一）有趣可以當發展性向嗎？

目前高中端很多學校選修課程規劃朝向各校特色，但特色教材是以學校為主，若未能設計適當課程，將會違背了「以學生為中心」的使命。由於特色教材較不易尋找編制，所以常見靠海邊學校做漁業認識，靠山林的學校做林木保育，都市學校就做景點探勘；天主教會學校作聖經研讀，佛教學校修茶道，或者看校內教師有什麼特別的專長可以組合成學校特色，然後去開課，很有趣、很有其獨特性。但如果學生的學業性向和學校的發展特色差距很遠，難道應該輟學或轉學嗎？則學生如何選擇安排學習？如何探索可能性向？因此學校在設計特色課程時必須掌握以學生為中心的原則，檢視國教課綱核心素養三面九項的均衡性與完整性。

（二）學群安排

以前課程很單純，大致因應大學入學考試的科目為學生安排一類社會、二類理工、三類農醫等的課程。國教課綱含括相當多元課程，大學端對學生學習歷程的期待與要求也相當多元廣泛，又要以學生為中心實施課程，在課程安排上會有很大的挑戰。因此許多學校對高一學生安排不分群、高二學生分群，搭配設計學生選修跑班的形式，以增加彈性安排課程。

（三）議題融入課程的效益

十九項議題，每項都得花費一定的課程時間，否則可能變成蜻蜓點水，課程效益不大（謝念慈和陳政翊，2020）。教師必須具有各面向的知能，方能使議題融入領域課程發揮效益。例如：「生涯發展教

育」，美其名為「融入」「各學科領域」，實則甚為仰賴各學科教師個人的生涯理念和素養。如果學科教師本身未曾接受生涯教育的相關專業訓練，那麼要求教師在該學科教學活動中融入生涯教育，將使得「融入」形同「泡沫」，化為烏有（吳芝儀，2005）。因此如何讓教師也具有各種議題的相關概念成為師資培育的重點，同時必須激發教師自我學習動機與養成終身學習習慣，以使議題融入課程的教學性質成為課程的常態。

（四）彈性學習課程／時間

彈性學習課程／時間規劃對學校是很大的挑戰。有些學校對「自主學習」或「彈性學習」的做法是「自習」，採取放牛吃草，任由學生趴睡、滑手機，但學生並沒有學到運用學習策略、自我監控、彈性調整，以及尋求相關資源等學習方式。另外，在升學導向及家長的期待下，不少學校將彈性學習課程用來強化某些領域／科目的學習，包括英語轉化課程、閱讀等（黃儒傑，2020），媒體形容為「假彈性、真綁課」，明顯違反課綱規定（王韻齡和蘇岱崙，2020），錯失了彈性學習課程發展的企圖。此有賴教育主管機關定期核查，引導學校務實執行。

（五）探究與實作

探究與實作課程是國教課綱重頭戲，大考要考、大學也要看，但不少一線教師對這門無教科書的「空白課程」不知所措，也導致學生修課品質全憑運氣。少數學校也會有「掛羊頭賣狗肉」的情形，把此課程塞入正課趕不完的實驗課，失去新課綱「探究」的精神，抑或者會出現教師抗拒接課的情形，以至於頻繁由代理教師授課。因代理教師流動率高，常未在學校承接固定課程，對學生條件及學校資源不熟悉，恐怕會有課程整合及銜接問題（章凱閎，2020）。建議教育主管單位應該提供相關支援，而學校可結合民間組織或公民團體人士支援課程設計，並在代課／兼課教師授課時，提供充分的學生資訊，以利設計適當的課程內涵。

四、學校行政面向

（一）行政量大增

　　學校雖然增加很多自主性及創意發揮機會，但是課程增加很多面向，又要發展校訂及特色課程，跑班選修增加排課難度，使行政及協調工作量大增，也相對地影響學生學習的機會。相關行政主管單位應依現實需要發展好管理的課程設計系統，使行政減量後方能讓教師有更多時間落實課程設計與實施。

（二）小班級及偏鄉資源

　　偏鄉學校配備、支援不足，教師增能機會有限，城鄉資源存在很大的落差（王韻齡和蘇岱崙，2020），而小班級學校開設選修數量有限，這些都導致小班級及偏鄉學校學生依興趣選修的機會減少。因此擅用線上課程，或如何廣納師資進入小班級及偏鄉學校支援，為必要的調整。

（三）各種資源不足

　　除了前述師資不足外，因應多元班級及課程性質，需要多元學習場域及各種設備，以至於空間、設備大為不足。又例如：「國際教育」議題教導，若想安排跨國際的活動，則沒有大量的經費難以推行。教育主管機關應主導規劃，並提供更多的資源。

第二節　國教課綱課程之實務方案

　　課程的實施不是表面地把科目課程在一定的時間內完成即可。礙於現實因素，又要符合國教課綱的需求，不少學校發展出因應現實的方案。以下舉出幾個學校實施範例供讀者參考，增加讀者對國教課綱實務面的了解。

一、教師資源

（一）師資人才庫

因應國教課程，由於高級中學教育階段各校必須開設 1.2 倍至 1.5 倍班級數的多元選修課程，例如：五個班的學校至少必須開設六門選修課。加上必須以學生需求為中心安排課程，除了有量的需求外，也有各種專長師資的需求。因此有些學校積極建立師資人才庫，有如下做法：(1) 除了自校教師，也包括大專教師、業界專長教師等；(2) 廣發英雄帖，包括向家長調查邀請進入學校人才庫，在有需要時安排授課等。

（二）教師增能

因應師資知能的提升需求，國教署召開各種課程教師培育，包括探究與實作種子教師等。又如教師對於數位平臺與工具的運用能力，為自主學習課程品質的關鍵因素。教育部於 2020 年展開「科技輔助自主學習輔導計畫」，全國共三百多所中小學加入，培訓出第一批「自主學習認證師」，協助學生熟悉 3C 載具及各種學習平臺運用，迎接未來勢不可當的線上學習潮流。

二、課程選修

（一）彈性學習課程

許多學校會依教師指導的程度分彈性課程的層次，例如：(1) 自習：不須申請，登記即可，如在圖書館查資料；(2) 演講課程：每學期安排數十場，甚至上百場各種主題供學生選修；(3) 專題討論；(4) 微課程；(5) 實作課程等。例如：各所高中均以線上申請系統供學生即時選修，並搭配積極的課室管理，以便使彈性學習課程能務實推動。

（二）多元課程時間

對於授課時間較少的科目，為求課程完整性，因應學生條件設計各種難易程度的課程，如 (1) 基礎課程：為大多數同學開設的必修課程；

(2) 點狀課程：為少數同學個別需求開設的課程，如資優學生安排專題探析、學習落後學生修習補強課程、身心障礙學生修習特殊需求課程等；(3) 帶狀課程：安排有連貫的課程。

（三）領域課程科目彈性教學

每個領域內包含數個科目，依師資專長等條件安排科目課程，而可以分科或合科授課。例如：綜合活動內含有童軍、家政、輔導，可以安排 3 位教師各自上一科，也可以由 1 位教師上含三科的領域課程，或由 2 位教師承接三科授課。

（四）校內學生學習群體

以往學生依優勢學習科目選修分組課程，依類組選修如一類組、二類組等。國教課綱課程中學生因為學習傾向及未來專業發展領域不同，會選修不同的部定加深加廣課程。為因應學生的多元需求，學校多會成立不同大小及不同性質的學習群體，可能是班群、學群等，可能跨班或跨年級等。例如：臺北市中崙高中設置了五個學群，包括 A 人文社會學群、B 財經商管學群、C 資訊科技學群、D 數理工程學群，以及 E 醫藥生科學群等，以便因應學生的學習傾向安排課程。

（五）校訂課程

國教課綱除了部定必修外，有許多不同的課程，包括每個高級中學要開設四個學分的校訂必修，導致不同學校間也有很大的課程差異。每個學校因為各自的特色，所開設的校訂必修、多元選修，以及彈性學習課程不同。例如：臺北市建國中學校訂必修開了兩種課程：「專題寫作與表達」，以及「第二外語」，後者包括法語、德語、西班牙語、拉丁語、日語、韓語等；臺北市松山高中校訂必修開設「閱讀理解與表達」及「研究方法與專題」兩個課程。

（六）多元選修

108 課綱中，高中學生應選 6 學分多元選修。依規定多元選修不得開設部定必修課程之重複或加強課程（高級中等學校課程規劃及實施要

點，2018），亦即必須非八個領綱內的課程及非大學考科課程。主要目的在協助學生多元試探，增加認識自我的機會，如表 11-1 為三個學校的多元選修課程。每個學校課發會會定期評估學生的修課成效及學生選修志願，調整每學期的課程。

〈表 11-1〉　學校多元選修範例

學校	臺北市中山女中（109 年高一上下學期）	臺北市東山高中（109 年高一上學期）	臺北市大直高中（109 年高一、高二）
多元選修課程	日語、西班牙語、法語、德語、韓語、武俠世界新探索、玩出英語力、通識化學、數學學理解碼、基礎 C++ 程式設計、跨時空醫學、生活心理學、數物方程式、視覺說書人、形象設計基礎─枝附葉著印花布設計、哲學思考、初階微積分、健康滿點 VCR、未來旅行家、聽說、文學閱讀	飲食文學與食農議題思辨、數學不思議─思考訓練、人類生活、生命科學、城市漫遊者─亞洲城市專題研究、法律與金融白話學堂、文學與紀錄片、工藝美學、機器人、心理學、虎闖家、有聲有色的英文世界、文化 DNA、人際法律與理財、CC++ 程式設計入門、人工智慧語音辨識專題課程、物理與電影、我和我雙腳的約會─LetsGo 騎車去、親海知海愛海	初級日語、初級法語、初級德語、初級韓語、課堂外的天空、趣味文言創意寫作、傳達技巧工作坊、Flip English、商業概論、生活中的物質與光譜、藝數創客、植物異世界、動態網站建置實務入門、多媒體設計、悅讀臺北、From Home to Abroad、投資中你不可不知的數學、公共議題與社會探究、會計學原理、社會學好好玩

（七）探究與實作

為了因應學生的個別學習主軸，選修課程雖然名稱一樣，但學習主題也會因應調整。例如：臺北市中崙高中自然科學探究與實作課程中，依學群班級有不同的課程。在 A 人文社會學群及 B 財經商管學群均開

設「物理與地科探究與實作」，C 資訊科技學群與 D 數理工程學群均開設「物理與化學探究與實作」，而 E 醫藥生科學群開設「物理、化學與生物探究與實作」課程。

（八）校際課程

　　為了開設多元選修，增加學生對不同領域的探索，常以數所學校聯盟發展課程及開設微課程，例如：臺北市建國中學等五校聯盟開設各種選修課程，如表 11-2。臺中五校聯盟則包括臺中一中、臺中女中、臺中二中、文華高中及中興大學附設高中等五校。

（九）聯絡校外資源

　　為了符合學生需求，提供多元選修，學校需積極與產官學研進行合作，並結合社區資源。例如：臺北市五校聯盟即積極開設連絡校外資源的課程，包括外交部、臺北市立圖書館、新北市建築師公會、永然法律基金會、科學月刊、臺灣交通文化資產保存學會等。

（十）學校特色課程

　　以學校課發會有結構地發展學校總體課程，包括學校願景、協同與跨領域課程整合，其中常與議題結合成為學校特色課程。例如：臺北市金華國中「未來人才課」著重學生的生涯發展、高雄田寮國中「閱讀田寮」著重對學生閱讀能力的培育、林口高中開設與社區結合的「林口學」等。

（十一）議題教育實施

　　除了以校訂課程規劃各議題教育外，許多學校也會藉由定期發行校刊，將十九個議題教育輪流作為校刊主題，進行徵稿及知識傳播。

（十二）課程時間彈性安排

　　為了配合學校課程需求，教育部在國教課綱課程開放學校更大的自主排課權利，學校因而有許多彈性做法。以表 11-3 為範例，每個領域均含三個科目，每個年級 6 學分，其課表可能彈性安排為：(1) 甲班 7

年級地理與歷史學期對開、9 年級公民每單週或雙週上 2 節課；(2) 乙班 7 年級開生物、8 年級開理化；(3) 丙班視覺藝術與數學跨領域整合成課、表演藝術與音樂跨科成課。如此可以使每次上課為雙倍時間，避免教師上課及學生學習之課程太零碎。

〈表 11-2〉　建國高中 109 學年度第一學期高一彈性學習微課程一覽

性質	課程名稱
五校聯盟微課程（建國中學、師大附中、北一女中、中山女中、成功高中）	・設計微課程一 ・藥食同源當傳統碰上現代醫學 ・物理實驗探究素養 ・城市專題（經典閱讀） ・藥學倫理學 ・倡議民主價值：英語論述與辯論 ・長庚醫學院初步見識課程 ・新能源車輛簡介與實作 ・國立陽明大學醫學系彈性學習微課程 ・國立陽明大學醫學暨工程學院彈性學習微課程 ・與法同行——探索有趣的法律世界 ・科學閱讀：解密冠狀病毒疾病 ・現代生化科技（一）：聽聽看看生化科技 ・智慧科技與創意實作 ・天然漆藝與生活創意（初階） ・機械手臂製作的機電整合 STEM 體驗與探索 ・非常好「攝」 ・商活資訊 ・車窗裡外的風景——鐵道、地理與觀光 ・我們的地球系列（一） ・我藥追夢
建中校內微課程	・悉曇梵字讀寫學 ・拉丁字源和英文衍生字 ・臺北微旅行 ・長庚醫學領袖課程 ・人文社會專題導論

〈表 11-3〉 彈性課表範例

	課程科目	7上	7下	8上	8下	9上	9下
		甲班					
社會 (3)*6	地理 (6)	2	0	1	1	1	1
	歷史 (6)	0	2	1	1	1	1
		學期對開					
	公民 (6)	1	1	1	1	2/2 週	2/2 週
						單（雙）週兩節	
		乙班					
科學 (3)*6	生物 (6)	3	3	0	0	0	0
	理化 (10)	0	0	3	3	2	2
	地科 (2)	0	0	0	0	1	1
		丙班					
藝術 (3)*6	視覺藝術 (6)	1	1	1（美、數）	1（美、數）	1	1
				數與藝術跨領域整合成課			
	表演藝術 (6)	2	2	2	2	2	2
	音樂 (6)						

《透視鏡》

附　錄

附錄一　十二年國民基本教育各領域綱要／科目課程綱要

	領綱／ 科目課綱	國民中小學 （暨普通高中）	技術型高中	綜合型高中	
1.	語文領域— 國語文	國民中小學暨普通 型高級中等學校語 文領域—國語文	技術型高級中 等學校語文領 域—國語文	綜合型高級中 等學校語文領 域—國語文	
2.	語文領域— 本土語文 （閩南語 文、客家語 文）	國民中小學語文領 域—本土語文（閩 南語文）；國民中 小學語文領域—本 土語文（客家語文）			
3.	語文領域— 原住民族語 文、新住民 語文	語文領域—本土語 文（原住民族語 文）；國民中小學 語文領域—新住民 語文			
4.	語文領域— 英語文、第 二外國語文	國民中小學暨普通 型高級中等學校語 文領域—英語文； 國民中學暨普通型 高級中等學校語文 領域—第二外國語 文	技術型高級中 等學校語文領 域—英語文	綜合型高級中 等學校語文領 域—英語文	
5.	數學領域	國民中小學暨普通 型高級中等學校— 數學領域	技術型高級中 等學校—數學 領域	綜合型高級中 等學校—數學 領域	

	領綱／科目課綱	國民中小學（暨普通高中）	技術型高中	綜合型高中	
6.	社會領域	國民中小學暨普通型高級中等學校─社會領域	技術型高級中等學校─社會領域	綜合型高級中等學校─社會領域	
7.	自然科學領域	國民中小學暨普通型高級中等學校─自然科學領域	技術型高級中等學校─自然科學領域	綜合型高級中等學校─自然科學領域	
8.	健康與體育領域	國民中小學暨普通型高級中等學校─健康與體育領域	技術型高級中等學校─健康與體育領域		
9.	科技領域	國民中學暨普通型高級中等學校─科技領域	技術型高級中等學校─科技領域		
10.	綜合活動領域	國民中小學暨普通型高級中等學校─綜合活動領域	技術型高級中等學校─綜合活動領域	綜合型高級中等學校─綜合活動領域	
11.	藝術領域	國民中小學暨普通型高級中等學校─藝術領域	技術型高級中等學校─藝術領域	綜合型高級中等學校─藝術領域	
12.	生活課程	國民小學─生活課程			
13.	技術型高中十五群科				
14.	特殊教育課程實施規範及相關課綱	特殊教育課程實施規範	高級中等教育階段學校集中式特殊教育班服務群科課程綱要	身心障礙相關之特殊需求領域課程綱要	資賦優異相關之特殊需求領域課程綱要

	領綱／ 科目課綱	國民中小學 （暨普通高中）	技術型高中	綜合型高中	
15.	高中進修部課程實施規範	高級中等學校進修部課程實施規範			
16.	高中建教合作班實施規範	高級中等學校建教合作班課程實施規範			
17.	體育班課程實施規範、體育專業領域課綱	體育班課程實施規範	體育班體育專業領域課程綱要		
18.	藝術才能班課程實施規範、專長領域課綱	藝術才能班課程實施規範	藝術才能專長領域課程綱要		
19.	實用技能學程課程實施規範				
20.	全民國防教育	全民國防教育			

附錄二　各教育階段核心素養具體內涵

摘自教育部（2014），十二年國民基本教育課程綱要總綱，4-6 頁

關鍵要素	核心素養面向	核心素養項目	項目說明	核心素養具體內涵		
				國民小學教育	國民中學教育	高級中等學校教育
終身學習者	A 自主行動	A1 身心質與自我精進	具備身心健全發展的素質，擁有合宜的人性觀與自我觀，同時透過選擇、分析與運用新知，有效規劃生涯發展，探尋生命意義，並不斷自我精進，追求至善。	E-A1 具備良好的生活習慣，促進身心健全發展，並認識個人特質，發展生命潛能。	J-A1 具備良好的身心發展知能與態度，並展現自我潛能、探索人性、自我價值與生命意義、積極實踐。	U-A1 提升各項身心健全發展素質，發展個人潛能，探索自我觀，肯定自我價值，有效規劃生涯，並透過自我精進與超越，追求至善與幸福人生。
		A2 系統思考與解決問題	具備問題理解、思辨分析、推理批判的系統思考與後設思考素養，並能行動與反思，以有效處理及解決生活、生命問題。	E-A2 具備探索問題的思考能力，並透過體驗與實踐處理日常生活問題。	J-A2 具備理解情境全貌，並做獨立思考與分析的知能，運用適當的策略處理解決生活及生命議題。	U-A2 具備系統思考、分析與探索的素養，深化後設思考，並積極面對挑戰以解決人生的各種問題。
		A3 規劃執行與創新應變	具備規劃及執行計畫的能力，並試探與發展多元專業知能、充實生活經驗，發揮創新精神，以因應社會變遷、增進個人的彈性適應力。	E-A3 具備擬定計畫與實作的能力，並以創新思考方式，因應日常生活情境。	J-A3 具備善用資源以擬定計畫，有效執行，並發揮主動學習與創新求變的素養。	U-A3 具備規劃、實踐與檢討反省的素養，並以創新的態度與作為因應新的情境或問題。

關鍵要素	核心素養面向	核心素養項目	項目說明	核心素養具體內涵		
				國民小學教育	國民中學教育	高級中等學校教育
	B 溝通互動	**B1** 符號運用與溝通表達	具備理解及使用語言、文字、數理、肢體及藝術等各種符號進行表達、溝通及互動的能力，並能了解與同理他人，應用在日常生活及工作上。	E-B1 具備「聽、說、讀、寫、作」的基本語文素養，並具有生活所需的基礎數理、肢體及藝術等符號知能，能以同理心應用在生活與人際溝通。	J-B1 具備運用各類符號表達意的素養，能以同理心與人溝通互動，並理解數理、美學等基本概念，應用於日常生活中。	U-B1 具備掌握各類符號表達的能力，以進行經驗、思想、價值與情意之表達，能以同理心與他人溝通並解決問題。
		B2 科技資訊與媒體素養	具備善用科技、資訊與各類媒體之能力，培養相關倫理及媒體識讀的素養，俾能分析、思辨、批判人與科技、資訊及媒體之關係。	E-B2 具備科技與資訊應用的基本素養，並理解各類媒體內容的意義與影響。	J-B2 具備善用科技、資訊與媒體以增進學習的素養，並察覺、思辨人與科技、資訊、媒體的互動關係。	U-B2 具備適當運用科技、資訊與媒體之素養，進行各類媒體識讀與批判，並能反思科技、資訊與媒體倫理的議題。
		B3 藝術涵養與美感素養	具備藝術感知、創作與鑑賞能力，體會藝術文化之美，透過生活美學的省思，豐富美感體驗，培養對美善的人事物，進行賞析、建構與分享的態度與能力。	E-B3 具備藝術創作與欣賞的基本素養，促進多元感官的發展，培養生活環境中的美感體驗。	J-B3 具備藝術展演的一般知能及表現能力，欣賞各種藝術的風格和價值，並了解美感的特質、認知與表現方式，增進生活的豐富性與美感體驗。	U-B3 具備藝術感知、欣賞、創作與鑑賞的能力，體會藝術創作與社會、歷史、文化之間的互動關係，透過生活美學的涵養，對美善的人事物，進行賞析、建構與分享。

關鍵要素	核心素養面向	核心素養項目	項目說明	核心素養具體內涵		
				國民小學教育	國民中學教育	高級中等學校教育
C社會參與		**C1** 道德實踐與公民意識	具備道德實踐的素養，從個人小我到社會公民，循序漸進，養成社會責任感及公民意識，主動關注公共議題並積極參與社會活動，關懷自然生態與人類永續發展，而展現知善、樂善與行善的品德。	E-C1 具備個人生活道德的知識與是非判斷的能力，理解並遵守社會道德規範，培養公民意識，關懷生態環境。	J-C1 培養道德思辨與實踐能力，具備民主素養、法治觀念與環境意識，並主動參與公益團體活動，關懷生命倫理議題與生態環境。	U-C1 具備對道德課題與公共議題的思考與對話素養，培養良好品德、公民意識與社會責任，主動參與環境保育與社會公共事務。
		C2 人際關係與團隊合作	具備友善的人際情懷及與他人建立良好的互動關係，並發展與人溝通協調、包容異己、社會參與及服務等團隊合作的素養。	E-C2 具備理解他人感受，樂於與人互動，並與團隊成員合作之素養。	J-C2 具備利他與合群的知能與態度，並培育相互合作及與人和諧互動的素養。	U-C2 發展適切的人際互動關係，並展現包容異己、溝通協調及團隊合作的精神與行動。
		C3 多元文化與國際理解	具備自我文化認同的信念，並尊重與欣賞多元文化，積極關心全球議題及國際情勢，且能順應時代脈動與社會需要，發展國際理解、多元文化價值觀與世界和平的胸懷。	E-C3 具備理解與關心本土與國際事務的素養，並認識與包容文化的多元性。	J-C3 具備敏察和接納多元文化的涵養，關心本土與國際事務，並尊重與欣賞差異。	U-C3 在堅定自我文化價值的同時，又能尊重欣賞多元文化，具備國際化視野，並主動關心全球議題或國際情勢，具備國際移動力。

註：A、B、C代表核心素養「自主行動」、「溝通互動」與「社會參與」三大面向。
國民小學（E）、國民中學（J）、高級中等學校（U）所對應之教育階段各項核心素養，依各階段教育特質加以衍生。

參考書目

大學入學考試中心（2020）。量表介紹。2020 年 12 月 10 日摘自 https://career.ceec.edu.tw/StudentSection/Introduce#

大學招生委員會聯合會（2020）。大學選才與高中育才輔助系統。2021 年 1 月 18 日摘自 ColleGo!（ceec.edu.tw）。

王一芝（2019）。108 課綱新趨勢：全球教改都在推「素養」，臺灣做對了嗎？天下雜誌，**685**。

王雅玲（2018）。九年一貫課綱與十二年國教課綱的性別平等教育議題之比較。臺灣教育評論月刊，**7**（10），63-67。

王韻齡和蘇岱崙（2020）。新課綱上路一年體檢：沒有學分的自主學習為何能幫孩子預備未來？親子天下雜誌，**114**。

朱建正（2000）。小學量與實測教材課程解讀。翰林文教雜誌，**16**，6-12。

江美娟和周台傑（2003）。後設認知策略教學對國小數學學習障礙學生解題成效之研究。特殊教育學報，**18**，107-151。

何東墀和胡永崇（1996）。後設認知策略教學對國小閱讀障礙學童閱讀理解成效之研究。特殊教育學報，**11**，173-210。

吳明隆和林義雄（2001）。國小學生數學學習行為與其電腦學習感受關係之探究。資訊與教育雜誌，**69**，42-50。

吳芝儀（2005）。生涯發展教育在中小學課程中的定位與省思。教師之友，**46**（2），2-8。

吳清山和林天祐（1997）。真實評量。教育資料與研究，**15**，67-68。

吳清基（2020）。技職核心政策——找回技職教育的價值與尊嚴。摘自吳清基（主編），教育政策與發展策略（4-17 頁）。臺北：五南。

吳毓真（2019）。從《仁川宣言》看臺灣原住民教育未來發展。摘自翁福元和陳易芬（主編），臺灣教育 **2030**（129-132 頁）。臺北：五南。

李國偉（2013）。升學大餐不宜吃 PISA —— PISA 是了解教育實況的重要評量工具，而非篩選學生的依據。科學人雜誌，名家專欄。

周立平（2005）。《不讓任一孩子落後法案》可能改變科學教學法。美國教育快遞，**19**。2020 年 11 月 8 日摘自 http://www.tw.org/edunews/express_19.html#14a

周淑卿、吳璧純、林永豐、張景媛和陳美如（2018）。**素養導向教學設計參考手冊**。臺北：教育部國民及學前教育署。

孟瑛如、周育廉、袁媛和吳東光（2001）。數學學習障礙學生之多媒體學習系統的開發與建構：一步驟乘除法文字題。國小特殊教育，**32**，81-92。

性別平等教育法（2018）。中華民國一百零七年十二月二十八日總統華總一義字第 10700140861 號令。

林永豐（2017）。核心素養的課程教學轉化與設計。教育研究月刊，**275**，4-17。

林秀姿（2016）。PISA 調查數位教學愈多，閱讀、數學愈差。聯合報新聞網。2020 年 11 月 8 日摘自 http://pisa.nutn.edu.tw/download/news/20150930.pdf

林怡君和鈕文英（2001）。建構教學對輕度智能障礙學生數概念應用成效之研究。特殊教育學報，**15**，49-83。

林美玲（2003）。創新教學策略之研究。社會科學學報，**11**，117-142。

林郡雯（2018）。幾個關於以核心素養為導向的課程轉化問題。中等教育，**69**（2），40-56。

林萬義（2000）。教育大辭典：**Gagné** 的學習層次。國家教育研究院：雙語詞彙、學術名詞暨辭書資訊網。2020 年 11 月 29 日摘自 http://terms.naer.edu.tw/detail/1313377/

林鳳儀（2016）。問題解決教學策略 —— 自然與生活科技課程之教學應用分享。臺灣教育評論月刊，**5**（5），97-100。

柯華葳、陳明蕾、李俊仁和陳冠銘（2019）。**2018 教學與學習國際調查臺灣報告：高級中等學校**。新北：國家教育研究院。

胡永崇、黃秋霞、吳兆惠、胡斯淳和顏玉華（譯）（2006）。學習障礙（原作者：Bender, W. N.: *Learning Disabilities*. 臺北：心理。

范長華（1988）。如何做好國語科直接教學。國教輔導，**27**（1），56-58。

計惠卿和張杏妃（2001）。全方位的學習策略：問題導向學習的教學設計模式。教學科技與媒體，**55**，58-71。

原住民族基本法（2018）。中華民國一百零七年六月二十日總統華總一義字第 10700065661 號令。

原住民族教育法（2021）。中華民國一百一十年一月二十日總統華總一義字第 11000004141 號令。

唐俊華（2020）。學測不考社會領域「探究與實作」學生為什麼要學？親子天下新聞投書。

家庭教育法（2019）。中華民國一百零八年五月八日總統華總一義字第 10800045121 號令。

師資培育法（1994）。中華民國八十三年二月七日總統令華總（一）義字第 0694 號令。

師資培育法（2017）。一百零六年六月十四日總統華總一義字第 10600080051 號令。

徐麗照（2000）。教學媒體。臺北：五南。

涂金堂（2009）。教育測驗與評量。臺北：三民。

高級中等學校課程規劃及實施要點（2018）。中華民國 107 年 2 月 21 日臺教授國部字第 1060148749B 號令。

高級中等學校課程諮詢教師設置要點（2019）。中華民國 107 年 4 月 10 日臺教授國部字第 1070024978B 號令。

國家教育研究院（2000a）。教育大辭典：啟發式教學。國家教育研究院：雙語詞彙、學術名詞暨辭書資訊網。2020 年 11 月 22 日摘自 http://terms.naer.edu.tw/detail/1310419/。

國家教育研究院（2000b）。教育大辭典：檢核表。國家教育研究院：雙語詞彙、學術名詞暨辭書資訊網。2020 年 12 月 22 日摘自 checklist - 檢核表（naer.edu.tw）。

國家教育研究院（2014）。十二年國民基本教育課程發展指引。新北：國家教育研究院。

國家教育研究院課程及教學研究中心核心素養工作圈（2015）。十二年國民基本教育課程綱要——核心素養發展手冊。新北：國家教育研究院。

國家語言發展法（2019）。中華民國一百零八年一月九日總統華總一義字第 0800003831 號令。

張世彗（2012）。課程本位評量理論與實務。臺北：臺北市立教育大學特殊教育中心。

張世彗和藍瑋琛（2004）。特殊學生鑑定與評量（第二版）。臺北：心理。

張芬芬、陳麗華和楊國揚（2010）。臺灣九年一貫課程轉化之議題與因應。教科書研究，**3**（1），1-40。

張芬芬和張嘉育（2015）。十二年國教「議題融入課程」規劃芻議：實施要點。臺灣教育評論月刊，**4**（7），43-49。

張春興（1996）。教育心理學：三化取向的理論與實踐。臺北：東華。

張美玉（2001）。從多元智能的觀點談歷程檔案評量在教育上的應用。教育研究資訊，**1**，32-54。

張英鵬（2001）。普通班中學習障礙兒童的教學調整之道。國小特殊教育，**31**，61-63。

張訓譯（2018）。**108 課綱「科技領域」**：師資、教材、設備問題如何解決？2018 年 7 月 15 日摘自 https://www.thinkingtaiwan.com/content/7052

張訓譯（2019）。杜威「民主教育理念」對臺灣教師的啟示。臺灣教育評論月刊，**2019**，**8**（7），29-34。

教育基本法（2013）。中華民國一百零二年十二月十一日總統華總一義字第 10200225111 號令。

教育部（2003）。國民中小學九年一貫課程綱要總綱。臺北：教育部。

教育部（2009）。中小學教師素質提升方案。臺北：教育部。

教育部（2014）。十二年國民基本教育課程綱要總綱。臺北：教育部。

教育部（2018a）。十二年國民基本教育課程綱要國民中小學暨普通型高級中等學校——自然科學領域。臺北：教育部。

教育部（2018b）。十二年國民基本教育課程綱要國民中小學暨普通型高級中等學校——社會領域。臺北：教育部。

教育部（2018c）。十二年國民基本教育課程綱要國民中小學暨普通型高級中等學校——綜合活動領域。臺北：教育部。

教育部（2018d）。十二年國民基本教育課程綱要國民中小學暨普通型高級中等學校——數學領域。臺北：教育部。

教育部（2019a）。十二年國民基本教育身心障礙相關之特殊需求領域課程綱要。臺北：教育部。

教育部（2019b）。十二年國民基本教育特殊教育課程實施規範。臺北：教育部。

教育部（2019c）。十二年國民基本教育資賦優異相關之特殊需求領域課程綱要。臺北：教育部。

教育部（2019d）。十二年國民基本教育課程綱要議題融入說明手冊。臺北：教育部。

教育部（2020）。中華民國教師專業素養指引——師資職前教育階段暨師資職前教育課程基準修正規定。中華民國一百零九年七月一日臺教師（二）字第 1090077856B 號令。

教育部（2021）。十二年國民基本教育課程綱要總綱。臺北：教育部。

教育部國民及學前教育署（2020）。108 學年度全國高級中等學校小論文寫作比賽實施計畫。https://drive.google.com/file/d/17YhFemAxGBqFe2fEAFsp8j-BhN3yzM8l/view

教育部統計處（2020）。大專校院學生休、退學概況及就學穩定情形。2020年 12 月 3 日摘自 http://stats.moe.gov.tw/files/brief/%E5%A4%A7%E5%B0%88%E6%A0%A1%E9%99%A2%E5%AD%B8%E7%94%9F%E4%BC%91%E3%80%81%E9%80%80%E5%AD%B8%E6%A6%82%E6%B3%81%E5%8F%8A%E5%B0%B1%E5%AD%B8%E7%A9%A9%E5%AE%9A%E6%83%85%E5%BD%A2.pdf

章凱閎（2020）。新課綱「探究與實作」資深教師躲遠遠代理教師被推坑。2020-10-04 聯合報文教新訊。2020 年 11 月 28 日摘自 https://udn.com/news/story/6885/4910013?from=udn-referralnews_ch2artbottom

莊佩玲（2002）。發覺孩子的真實能力——實作評量的實施與設計。師友，**417**，38-42。

許家驊（2003）。實作評量效度規準及實徵建構之探討。教育學刊，**21**，127-147。

陳盈螢和許家齊（2020）。高中生都要學的自然「探究與實作」，和實驗有何不同？親子天下雜誌，**114**。

陳蒂勻（2002）。行為主義教學策略在健康與體育領域中的概念。國教天

地，**149**，29-370。

陳麗如（2004）。特殊教育論題與趨勢。臺北：心理。

陳麗如（2006）。特殊學生鑑定與評量（二版）。臺北：心理。

陳麗如（2007）。身心障礙學生教材教法。臺北：心理。

陳麗如（2018）。生活價值觀量表。臺北：中國行為科學社。

陳麗如、孟瑛如和連心瑜（2019）。個別化每位學生的學習策略——運用「青年聽讀寫學習優勢發展量表」分析學習特質及發展學習策略。清華大學特教論壇，**27** 期，1-16 頁。

陳麗如和孟瑛如（2019）。青年聽讀寫學習優勢發展量表。臺北：中國行為科學社。

彭淑珍（2020）。技職教育跨域合作之省思。摘自吳清基（主編），教育政策與發展策略（37-56 頁）。臺北：五南。

鈕文英（2003）。啟智教育課程與教學設計。臺北：心理。

黃仁杰（2019 年 12 月 3 日）。PISA 出爐！主測驗閱讀台灣排名 17，分數走向極端化。**Nownews** 今日新聞生活版。2020 年 11 月 8 日摘自 https://www.nownews.com/news/20191203/3794581/

黃幸美（2005）。連結生活化情境與生產性練習的數學教學之探討。教育資料與研究雙月刊，**64**，89-101。

黃儒傑（2020）。素養導向教科書的編制與轉化。臺灣教育評論月刊，**9**（3），15-21。

楊坤堂（1999）。學習障礙教材教法。臺北：五南。

楊朝祥和徐明珠（2007）。十年來台灣教育之改革與發展。**2007** 年 **3** 月 **29** 日國政研究報告。財團法人國家政策研究基金會。

楊銀興、林政逸和劉健慧（2007）。我國多元化師資培育政策問題影響評估。教育理念與實踐學刊，**16**，1-12。

葉坤靈（2017）。由歐盟核心素養的評量省察我國中小學核心素養評量之相關議題。臺灣教育評論月刊，**6**（3），07-14。

葉建宏（2019）。遠距教學 2030：學分銀行制度建構。摘自翁福元和陳易芬（主編），臺灣教育 **2030**（54 頁）。臺北：五南。

臺灣 PISA 國家研究中心（2011）。**PISA** 閱讀應試指南。2021 年 2 月 5 日摘自 2011_1205_guide_reading.pdf（nutn.edu.tw）

臺灣 PISA 國家研究中心（2020）。**PISA 計畫概述**。2020 年 11 月 8 日摘自 http://pisa.nutn.edu.tw/pisa_tw.htm

劉孟奇（2018）。**108 新課綱與素養導向命題精進方向**。大考中心主任劉孟奇新課綱命題演講。2020 年 11 月 8 日摘自 https://www.youtube.com/watch?v=oCM9T_v5pJ4

劉唯玉（2000）。教學原理課程實施檔案評量之行動研究。花蓮師院學報，**10**，47-64。

潘玉龍（2017）。從健康與體育領域談 UbD 重理解的課程設計。臺灣教育評論月刊，**6**（8），92-97。

蔡欣坪（2013）。歐盟終身學習核心素養與評量。教育研究月刊，**236**，131-146。

盧台華和王瓊珠（譯）、Patricia L. Pullen 主講（1999）。有效的教學。特殊教育季刊，**71**，19-24。

盧明、柯秋雪、曾淑賢和林秀錦（2020）。早期療育（二版）。臺北：心理。

盧雪梅（1999）。實作評量的應許、難題和挑戰。現代教育論壇，**4**，3-9。

環境教育法（2017）。中華民國一百零六年十一月二十九日總統華總一義字第 10600142241 號令。

謝念慈和陳政翊（2020）。臺灣地區中小學推動國際教育之研究── 以 2011 至 2014 年為例。摘自吳清基（主編），教育政策與發展策略（225-280 頁）。臺北：五南。

顏國樑（2013）。美國不讓一位孩子落後法政策執行：成效、爭議與啟示。教育研究月刊，**226**，130-147。

Barrett, T. (2010). The problem-based learning process as finding and being in flow. *Innovations in Education and Teaching International, 47*(2), 165-174.

Bigge, M. L. (1982). *Learning theories for teachers* (4th ed.). New York: Harper & Row.

Boggs, S., Shore, M., & Shore, J. (2004). Using e-learning platforms for mastery learning in developmental mathematics courses. *Mathematics and Computer Education, 38*(2), 213-220.

Bryant, D. P., Bryant, B. R., & Hammill, D. D. (2000). Characteristic behaviors of students with LD who have teacher-identified math weaknesses. *Journal of Learning Disabilities, 33*(2), 168-177.

Calucag, L. S. (2016). Divergence of scientific Heuristic Method and Direct algebraic instruction. *Journal of Education and Practice, 7*(3), 131-135.

Cawley, J. F., & Vitello, S. J. (1972). Model for arithmetical programming for handicapped children. *Exceptional Children, 39*, 101-110.

Cegelka, P. T., & Berdine, W. H. (1995). *Effective instruction for students with learning difficulties.* MA: Allyn & Bacon.

Chamidy, T., Degeng, I. N. S., & Ulfa, S. (2020). The effect of problem-based learning and tacit knowledge on problem-solving skills of students in computer network practice course. *Journal for the Education of Gifted Young Scientists, 8*(2), 691-700.

Chen, Y. F., & Martin, M. A. (2000). Using performance assessment and portfolio assessment together in the elementary classroom. *Reading Improvement, 37*(1), 32-38.

Cooper, P. A. (1993). Paradigm shifts in designed instruction: From behaviorism to cognitivism to constructivism. *Educational Technology, 33*(5), 12-19.

Desoete, A., Roeyers, H., & Buysse, A. (2001). Metacognition and mathematical problem solving in grade 3. *Journal of Learning Disabilities, 34*(5), 35-49.

Gagné, R. M. (1985). *The cognitive psychology of school learning.* Canada: Little, Brown & Company.

Gerber, P. J., & Popp, A. P. (2000). Making collaborative teaching more effective for academically able students: Recommendations for implementation and training. *Learning Disability Quarterly, 23*(3), 229-236.

Gillam, R. B., Pena, E. D., & Miller, L. (1999). Dynamic assessment of narrative and expository discourse. *Top Lang Disord, 20*(1), 33-47.

Hambleton, R. K. (2000). Advances in performance assessment methodology. *Applies Psychological Measurement, 24*(4), 291-293.

Hendricson, W. D., & Kleffner, J. H. (2002). Assessing and helping challenging students: Part one, why do some students have difficulty learning. *Journal of Dental Education, 66*(1), 43-61.

Hiranyachattada, T., & Kusirirat, K. (2020). The effect of social media and lecturer's direct instructions on students' digital sculpting skills. *European Journal of Science and Mathematics Education, 8*(4), 163-169.

Hutchinson, N. L. (1993). Effects of cognitive strategy instruction on algebra problem solving of adolescents with learning disabilities. *Learning Disability Quarterly, 16*, 34-63.

Jenkins, J. R., Antil, L. R., Wayne, S. K., & Vadasy, P. F. (2003). How cooperative learning works for special education and remedial students. *Exceptional Children, 69*(3), 279-292.

Jochum, J., Curran, C., & Reetz L. (1998). Creating individual educational portfolios in written language. *Reading &Writing Quarterly, 14*(3), 283-306.

Khanahmadi, F., & Sarkhosh, M. (2018). Teacher-vs. peer- mediated learning of grammar through dynamic assessment: A sociocultural perspective. *International Journal of Instruction, 11*(4), 207-222.

Kolb, S. M., & Stuart, S. K. (2005). Active problem solving: A model for empowerment. *Teaching Exceptional Children, 38*(2), 14-20.

Lee, C. D., & Kahnweiler, W. M. (2000). The effect of a mastery learning teaching technique on the performance of a transfer of training task. *Performance Improvement Quarterly, 13*(3), 125-139.

Leonard, W. H., Speziale, B. J., & Penick, J. E. (2001). Performance assessment of a standards-based high school biology curriculum. *The American Biology Teacher, 63*(5), 310-316.

Lerner, J. (2000). *Learning disabilities: Theories, diagnose, and teaching strategies* (8th ed.). Boston: Houngton Mifflin.

MBA 智庫百科（2017）。建構主義學習理論。2017 年 12 月 2 日摘自 http://wiki.mbalib.com/zh-tw/%E5%BB%BA%E6%9E%84%E4%B8%BB%E4%B9%89%E5%AD%A6%E4%B9%A0%E7%90%86%E8%AE%BA

McDonald, J. K., Yanchar, S. C., & Osguthorpe, R. T. (2005). Learning from programmed instruction: Examining implications for modern instructional technology. *Educational Technology Research and Development, 53*(2), 84-98.

McFarland, D., & Klopfer, E. (2010). Network search: A new way of seeing the education knowledge domain. *Teachers College Record, 112*(10), 2664-2702.

Meisels, S. J., Xue, Y., Bickel, D. D., Nicholson, J., & Atkins-Burnett, S. (2001). Parental reactions to authentic performance assessment. *Educational Assessment, 7*(1), 61-85.

Mills, P. E., Cole, K. N., Jenkins, J. R., & Dale, P. S. (2002). Early exposure to direct instruction and subsequent juvenile delinquency: A prospective examination. *Council for Exceptional Children, 69*(1), 85-96.

Montague, M. (1992). The effects of cognitive and metacognitive strategy instruction on the mathematical problem solving of middle school students with learning disabilities. *Journal of Learning Disabilities, 25*(4), 230-248.

Montague, M., & Applegate, B. (2000). Middle school students' perceptions, persistence, and performance in mathematical problem solving. *Learning Disability Quarterly, 23*, 215-226.

Moore, D. M., & Bedient, D. (2000). Paul Robert Wendt: Programmed instruction and visual literacy pioneer. *Educational Media and Technology Yearbook, 25*, 166-168.

Morcke, A. M., Dornan, T., & Eika, B. (2013). Outcome (competency) based education: An exploration of its origins, theoretical basis, and empirical evidence. *Advances in Health Sciences Education, 18*(4), 851-863.

Mostropieri, M. A., & Scruggs, T. E. (1994). *Effective instruction for special education* (2nd ed.). Texas: PRO-ED.

Obelleiro, G. (2020). What might Dewey think of knowledge insertion? *Educational Theory, 70*(4), 507-515.

Pepper, D. (2011). Assessing key competences across the curriculum and Europe. *European Journal of Education, 46*(3), 335-353.

Salend, S. J. (1998). Using portfolios to assess student performance. *Teaching Exceptional Children, 31*(2), 36-43.

Salend, S. J. (2005). Using technology to teach about individual differences related to disabilities. *Teaching Exceptional Children, 38*(2), 32-38.

Sonnier-York, C., & Stanford, P. (2002). Learning to cooperate: A teacher's perspective. *Teaching Exceptional Children, 34*(6), 40-55.

Spalding, E. (2000). Performance assessment and the new standards project: A story of serendipitous success. *Phi Delta Kappan, 81*(10), 758-764.

Steege, M. W., Davin, T., & Hathaway, M. (2001). Reliability and accuracy of a performance-based behavioral recording procedure. *School Psychology Review, 30*(2), 252-261.

Tangen, J. L., & Borders, L. D. (2017). Applying information processing theory to supervision: An initial exploration. *Counselor Education and Supervision, 56*(2), 98-111.

Thorburn, M. (2020). Embodied experiences: Critical insights from Dewey for contemporary education. *Educational Research, 62*(1), 35-45.

Valdez1, J. E., & Bungihan, M. E. (2019). Problem-based learning approach enhances the problem solving skills in chemistry of high school students. *Journal of Technology and Science Education, 9*(3), 282-294.

Veselinov, D., & Nikolic, R. (2015). The possibilities of encouraging student's metacognitive strategies through heuristic-methodological instruction. *Research in Pedagogy, 5*(1), 67-83.

Vygotsky, L. S. (1978). *Mind in society: The development of higher psychological processes.* Cambridge, MA: Harvard University Press.

Wiggins, G., & McTighe, J. (2005). *Understanding by design* (2nd ed.). Alexandria, VA: Association for Supervision and Curriculum Development.

名詞索引

英文 名詞索引

國家圖書館出版品預行編目資料

十二年國民基本教育教材教法：108課綱素養
教導／陳麗如著. －－初版. －－臺北市：
五南圖書出版股份有限公司, 2021.07
　　面；　公分
　　ISBN 978-986-522-819-4（平裝）

1.國民教育　2.課程綱要

521.7　　　　　　　　　　110008157

1I2S

十二年國民基本教育教材教法
108課綱素養教導

作　　　者 — 陳麗如（254.6）

發 行 人 — 楊榮川

總 經 理 — 楊士清

總 編 輯 — 楊秀麗

副總編輯 — 黃文瓊

責任編輯 — 陳俐君、李敏華

封面設計 — 王麗娟

出 版 者 — 五南圖書出版股份有限公司

地　　　址：106台北市大安區和平東路二段339號4樓

電　　　話：(02)2705-5066　　傳　　真：(02)2706-6100

網　　　址：https://www.wunan.com.tw

電子郵件：wunan@wunan.com.tw

劃撥帳號：01068953

戶　　名：五南圖書出版股份有限公司

法律顧問　林勝安律師事務所　林勝安律師

出版日期　2021年7月初版一刷

定　　價　新臺幣350元

經典永恆・名著常在

五十週年的獻禮 —— 經典名著文庫

五南，五十年了，半個世紀，人生旅程的一大半，走過來了。
思索著，邁向百年的未來歷程，能為知識界、文化學術界作些什麼？
在速食文化的生態下，有什麼值得讓人雋永品味的？

歷代經典・當今名著，經過時間的洗禮，千錘百鍊，流傳至今，光芒耀人；
不僅使我們能領悟前人的智慧，同時也增深加廣我們思考的深度與視野。
我們決心投入巨資，有計畫的系統梳選，成立「經典名著文庫」，
希望收入古今中外思想性的、充滿睿智與獨見的經典、名著。
這是一項理想性的、永續性的巨大出版工程。
不在意讀者的眾寡，只考慮它的學術價值，力求完整展現先哲思想的軌跡；
為知識界開啟一片智慧之窗，營造一座百花綻放的世界文明公園，
任君遨遊、取菁吸蜜、嘉惠學子！